Zauberhütten

Doppelzimmer mit Aussicht

gestalten

Auf der Suche nach einer besonderen Auszeit…

Denkt man an einen Moment in seiner Kindheit – welche Erinnerungen kommen einem als erstes in den Sinn? Ein sonnenerfüllter Familienurlaub, ein aufregendes Wochenende oder ein spannender Waldausflug mit Freunden? Sorglose Tage, die ausgefüllt waren mit Sandburgenbauen und Kastaniensammeln?

Vielleicht fällt einem zuerst ein Lieblingsversteck in den Ästen eines alten Baums ein oder eine selbst gebaute Höhle. Oder man erinnert sich an die erste Nacht im Zelt, das Knacken der Zweige und den verheißungsvollen Duft von Morgentau und Abenteuer. Es ist genau diese kindliche Abenteuerlust, die unsere liebsten Erinnerungen ausmacht. Im Erwachsenenalter werden die Rufe des kleinen Wildfangs in uns meist ignoriert. Doch immer mehr Menschen entdecken wieder ihr Faible für abgelegene Hütten, wilde Natur und grüne Rückzugsorte. Und sie fordern die wilde Lebendigkeit zurück, die einem als Kind so selbstverständlich erschien. *Zauberhütten* versammelt die passenden Orte dazu. Hütten, Häuschen, Hausboote und Baumhäuser inmitten der Natur, im Dschungel, in Regenwäldern, an Stränden, in den Bergen und am Meer. Dabei sind die vorgestellten Refugien keine typischen Ferienhäuser. Es sind außergewöhnliche Orte, an denen lebenslange Erinnerungen entstehen; Erinnerungen, die so wertvoll und leuchtend bleiben wie die liebsten Geschichten aus der Kindheit. Jede Pause von unserem meist städtischen Alltag, den ewigen Deadlines und den sozialen Verpflichtungen hat gleich auf mehreren Ebenen therapeutische Wirkung. Der Natur kommt dabei eine ganz besondere Rolle zu. Im tropischen Regenwald von Australien, in den verschneiten Wäldern Lapplands oder im üppigen Dschungel von Bali vergeht die Zeit spürbar langsamer. Erstaunlich schnell passen sich Sinne und Zeitempfinden der neuen Umgebung an. Ohne menschengemachte Geräusche sind die Ohren sprichwörtlich offen für morgendliches Vogelgezwitscher oder das leise Wellenrauschen vom nahen Strand. Kein Streulicht dimmt die Farben des Sonnenaufgangs oder die Sterne am nachtschwarzen Himmel. Egal ob man das alleine macht oder mit einem lieben Begleiter, vertiefen sich in diesen Refugien neben Sinneseindrücken auch die Atemzüge. Verspannte Schultern lockern sich und alles lässt los. „Zurück zu den Wurzeln" ist in *Zauberhütten* nicht nur ein Spruch. Es geht hier um die Rückkehr an einen Ort, der tief in uns allen existiert. An dem wir uns zu Hause fühlen. Gleichzeitig erinnert *Zauberhütten* daran, dass wir immer die Wahl haben. Wir entscheiden selbst, ob wir unser Leben in äußerer Hektik oder in innerer Ruhe verbringen wollen.

Bettwäsche, moderner Küchenausstattung und geräumigen Wohnbereichen keinen Wunsch nach Komfort offen. Ob mondän oder nicht – eines haben alle vorgestellten Unterkünfte garantiert gemeinsam: gemütliche Betten. *Zauberhütten* nimmt uns mit auf Entdeckungsreise. Jedes der Refugien hat seine eigene Geschichte und seine Macher erzählen von der Entstehung und den liebevollen Details, die es zu etwas ganz Besonderem machen. *Zauberhütten* ist kein normaler Reiseführer. Dieses Buch ist ein Begleiter auf dem Weg zum ultimativen Abenteuer oder zur Auszeit unserer Träume.

Im Einklang mit der Natur

Viel zu oft übersehen wir, wie viel uns diese Welt zu bieten hat. Noch immer ziehen viele Menschen in die Städte. Und obwohl wir die Natur gerne häppchenweise genießen, leben wir von ihr getrennt – und sehnen uns nach ihr. Nicht umsonst liegen daher viele der *Zauberhütten* in der Nähe großer Städte. Ihre kreativen Erbauer und Eigentümer haben die Zeichen der Zeit richtig gedeutet und meist für leichte Erreichbarkeit gesorgt. Der Weg in die Abgeschiedenheit muss nicht lang sein. Viele Unterkünfte bieten Möglichkeiten zum Wandern, Trekking, Klettern oder Schwimmen direkt vor der Haustür. Wasserfälle wollen entdeckt und Gipfel gestürmt werden. Wer es ruhiger mag, schlendert über Waldpfade oder genießt Seen, Berge und Vulkane bequem von der sonnigen Terrasse aus. Auch das gehört zu den Geschenken der Natur: Die wohlige Entschleunigung des Lebens.

Anders unterwegs

Rund um den Planeten begeben sich immer mehr Reisende auf einzigartige Abenteuer. Sie wollen das pure Leben spüren, Natur neu erleben und eigene Grenzen ausloten. Genau dazu möchten die Refugien in *Zauberhütten* einladen. Hier tanken Körper, Geist und Seele auf. Hier reibt sich das Bewusstsein den Alltagsstaub aus den Augen. Wer diese Erfahrung sucht, braucht einen geeigneten, komfortablen wie atmosphärischen Ort dazu. Einen Ort für sich alleine oder zu zweit, der gerne versteckt gelegen, aber mit einer Wegbeschreibung doch leicht zu finden sein soll. *Zauberhütten* versammelt genau solche Unterkünfte zwischen seinen Buchdeckeln. Es sind außergewöhnliche Refugien für Solotraveller wie für Paare oder Freunde, die ästhetisch gestaltet und märchenhaft gelegen sind. Die Hütten, Häuschen, Baumhäuser, Mikrohäuser und Strandhütten verbinden innere Einkehr mit einer gewissen Gelassenheit. Manche Unterkünfte sind minimalistisch und neutral, andere mondän und aufwendig gehalten. Manche verschmelzen bis zur Unsichtbarkeit mit ihrer Umgebung, andere bieten umso auffälligere Designs. Und während einige Häuschen ohne Strom, Internet oder Fernsehanschluss das Wort „Auszeit" wörtlich nehmen, lassen andere Unterkünfte mit luxuriöser

Im Erwachsenenalter werden die Rufe des kleinen Wildfangs in uns meist ignoriert. Doch immer mehr Menschen entdecken wieder ihr Faible für abgelegene Hütten, wilde Natur und grüne Rückzugsorte. Und sie fordern die wilde Lebendigkeit zurück, die einem als Kind so selbstverständlich erschien.

Sinnvoll reisen

Es soll nicht unerwähnt bleiben, dass diese besondere Art des „Glamping" neben seinen Gästen auch die Umwelt im Blick hat. Die oft emissionsfreien Refugien in *Zauberhütten* respektieren ihre natürliche Umgebung zutiefst. Viele Häuser sind aus recycelten Materialien und wurden in traditioneller Bauweise errichtet oder demonstrieren eindrucksvoll, wie ein autarkes und nachhaltiges Leben mit einfachen Mitteln möglich ist. Immer mehr Reisende entscheiden sich bewusst für diese Art der Alltagsflucht. Wer daheim Ökostrom bezieht und im Bioladen einkauft, wird konsequenterweise auch im Urlaub auf Nachhaltigkeit achten. Und sich für eine Unterkunft entscheiden, die ihre Umgebung schützt und schätzt. Die Besitzer haben die Hütten, Baumhäuser oder Erdhäuser teils mit ihren eigenen Händen gebaut. Es ist verständlich, dass sie sich auch für die Umgebung ihres kleinen Paradieses verantwortlich fühlen. Einige Unterkünfte wurden von lokalen Handwerkern entworfen und realisiert, andere sind mit vereinten Kräften von Freunden und Familie entstanden. Wieder andere wurden von renommierten Architekten und Designern entworfen. So unterschiedlich die einsamen Refugien auch sind, so groß ist der gemeinsame Respekt für ihre natürliche Umgebung. *Zauberhütten* erzählt die spannendsten Anekdoten hinter den Konzepten und der Umsetzung der Projekte. Heute suchen Menschen Orte mit einer Geschichte, Orte mit einer Seele. Aus allen Teilen der Welt reisen Gäste bewusst in die Einsamkeit, um Geburtstag zu feiern, Zweisamkeit zu genießen oder zu heiraten. Viele Eigentümer verraten den genauen Standort ihrer Unterkunft erst mit der Buchungsbestätigung, um die Abgeschiedenheit und das geheimnisumwitterte Ambiente zu wahren.

Verbindung statt Verpflichtung

Die Gründe, warum genau diese abgelegenen Refugien immer beliebter werden, sind zahlreich. Unser Alltag ist laut und fordernd. Ununterbrochen vibriert und klingelt das Handy. Menschen sehnen sich nach Orten, die ein wenig Abwechslung und Ruhe von den alltäglichen Verpflichtungen versprechen. Wo die Verbindung zur Natur die WLAN-Verbindung ersetzt. Wer bewusst reist, der wird *Zauberhütten* lieben. Genießen Sie die Auszeit! •

Barfuß Down Under

| MIGUEL · SYDNEY UND MELBOURNE, AUSTRALIEN |

Ohne Handyempfang und Internet verspricht diese Hütte viel Natur, Entspannung und innere Ruhe

THE
GREAT GATSBY

Wenn jemand barfuß durch den australischen Busch läuft und vollkommen allein ist, macht er dann überhaupt ein Geräusch? Vielleicht könnte eine kleine Hütte namens Miguel diese Frage beantworten. Sie liegt vollkommen abgeschieden am Rande eines 400 Jahre alten Regenwalds. Von Sydney sind es etwa zwei Stunden Fahrt bis in die einsamen Southern Highlands von New South Wales. Wer eine Pause vom Alltag braucht, ist nirgendwo besser aufgehoben. Die kreativen Köpfe hinter Miguel und weiteren Hütten sind die Zwillingsbrüder Cam und Chris Grant. Die Geschwister wenden sich mit ihrem Konzept Unyoked an den arbeitenden Australier, der – gern auch nur kurz – seine Batterien aufladen möchten. Im Grunde habe ihr eigener Alltag sie zu der Geschäftsidee inspiriert, erzählt Cam: „Wir lebten in der Stadt, aber für die

„Wir lebten in der Stadt, aber für die Natur. Unsere Vision für Unyoked war, wieder mit der Natur verbunden zu sein.“

Natur. Unsere Vision für Unyoked war, wieder mit der Natur verbunden zu sein. Wir wollen den vielen heimlichen Abenteurern, die tagtäglich im Büro sitzen, ihre Dosis Outdoor verschaffen."

Miguel befindet sich versteckt auf einem 120 Hektar großen Gelände. Neben Solarpanels für den Strombedarf gehören zur Ausstattung der Holzhütte eine Küche, ein Doppelbett und eine Warmwasserdusche. Bettwäsche, Handtücher und Geschirr stehen bereit, sodass man nur mit einer kleinen Tasche anreisen muss. Dank Gasherd und Kühlschrank können sich Gäste hier selbständig verpflegen. Vom gemütlichen Bett aus blickt man durch die großen Fenster in die Natur. Romantisch wird es abends am Lagerfeuer unterm

Sternenhimmel. Viele Gäste kommen hierher, um zu entspannen, sie verbringen ihre Zeit mit Lesen oder Wandern. Malerische Wasserfälle und andere tolle Ziele machen die Umgebung zu einem kleinen Paradies für Entdecker. Hier hat man die Möglichkeit, „in eine einfachere Zeit zurückzukehren", wie Cam sagt.

Die Grant-Zwillinge entwickelten Miguel gemeinsam mit zwei Freunden von Fresh Prince, einem Designstudio in Sydney. Schon kurz nach der Eröffnung im Jahr 2016 zeigte sich der Erfolg des Konzepts. Heute betreibt Unyoked verschiedene individuelle Hütten in ganz Australien. Den Namenspaten für das allererste Häuschen haben die beiden Brüder übrigens auf einer Thailandreise kennengelernt. „Miguel sprang uns im Dschungel auf einmal aus dem Busch in den Weg. Er war sehr tiefenentspannt, abenteuerlustig und ein bisschen wild." Ganz genau wie sein architektonisches Gegenstück •

Gut zu wissen...
Die Wegbeschreibung zu den Hütten wird erst nach der Reservierung bekannt gegeben. Wer bei Unyoked bucht, sollte sich in der freien Natur wohlfühlen und keine Angst vor ein paar Spinnen (oder Wombats) haben. Meist entstehen die Hütten auf abgelegenen, bisher unbebauten Grundstücken.

Einfach entspannt

| JAKE'S PLACE · BLACKAWTON, DEVON, GROSSBRITANNIEN |

Dieses Haus kombiniert Lagerfeuer und Gemüsebeet mit leisem Meeresrauschen

Jake's Place gehört zu den Orten, an denen man sich sofort wie zu Hause fühlt. Aus allen Ecken spricht Liebe zum Detail. Die gelben und blauen Fliesen etwa haben die Besitzer Nick und Dolly selbst aus Mexiko mitgebracht. Das Häuschen liegt versteckt zwischen Sträuchern und einem hübschen Gemüsegarten. Über Hilfe beim Hühnerfüttern, mit dem Gemüsebeet oder bei der Apfelernte freuen sich die Gastgeber immer. Nach einem entspannten Tag am nahe gelegenen Strand wird es abends am Lagerfeuer auf der Terrasse gemütlich •

Gut zu wissen...
Wer sich kreativ betätigen will, besucht einen Mal-, Collagen-, Töpfer- oder Holzworkshop. Das Wohnhaus von Agatha Christie und die malerische Stadt Totnes gehören zu den beliebtesten Sehenswürdigkeiten der Umgebung.

Waldromantik

| WALK WOOD WAGON · UCKFIELD, SUSSEX, GROSSBRITANNIEN |

Dieser kleine Wohnwagen ist noch malerischer als die Lichtung, auf der er steht

Im Frühling schwebt der süße Duft von tausenden Glockenblumen in der Luft. Unter dem Wellblechdach des Walk Wood Wagon versteckt sich ein romantisches Interieur mit Eichenholz, floralen Mustern und warmen Grüntönen. Der Wagen ist klein, aber gemütlich: Das Doppelbett und der schlichte Holztisch füllen ihn komplett aus. Umso großzügiger ist der Außenbereich. Die leicht erhöhte Veranda liegt geschützt unter einem großen Pavillon. Bei gutem Wetter versprechen die Außenküche und die hübsche Feuerstelle unvergessliche Stunden in der Natur. Außerdem verfügt der kleine Wagen über eine schwedische Badewanne unter freiem Himmel, die auf Wunsch gern mit heißem Wasser gefüllt wird •

Gut zu wissen...

Statt Strom stehen ein holzbefeuerter Herd und eine Laterne zur Verfügung. Die kilometerlangen Waldwege des South Down National Park lassen sich zu Fuß oder mit dem Fahrrad erkunden. In der Nähe befindet sich auch das kleine Opernhaus von Glyndebourne.

BIRDS

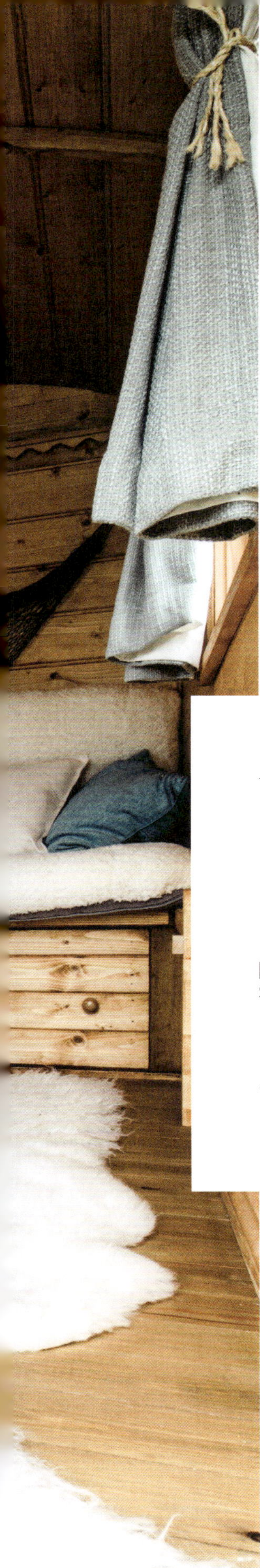

Urlaub auf dem Bauernhof

| CROOK'S VIEW · KEWSTOKE, SOMERSET, GROSSBRITANNIEN |

Dieser Bauwagen steht auf einem typischen Bauernhof zwischen Feldern und Meer

Wenn morgens vorwitzige Schafe und Ziegen an der Eingangstür schnuppern, ist man vermutlich im Crook's View zu Gast. Der winzige Bauwagen aus Holz und Metall liegt nur fünf Minuten vom Meer entfernt in einer zauberhaften Umgebung. Ein Kaminofen hält ihn an kühleren Tagen warm. Wer kochen will, nutzt die antiken Kochplatten oder die Feuerstelle unter freiem Himmel. Im 150 Meter entfernten Bauernhaus stehen eine Dusche und eine Komposttoilette zur Verfügung. Gern erfüllen die Gastgeber Victoria und Andy kleine Wünsche und stellen etwa Marshmallows zum Rösten bereit •

Gut zu wissen...
Ein reichhaltiger Frühstückskorb, unter anderem mit Eiern von den frei herumlaufenden Hühnern und Enten gefüllt, ist im fairen Preis inbegriffen. In der Nähe des Crook's View befindet sich die Cheddar Gorge, in der im Jahr 1903 das bisher älteste vollständige menschliche Skelett Großbritanniens entdeckt wurde.

Scheune reloaded

| LØE STORHAUGEN · STORHAUGEN, MYRKDALEN, NORWEGEN |

Diese historischen Holzbalken vereinen
Abenteuer, Tradition und Moderne

Geometrisch ragt das Fenster aus der Holzwand dieser einst fast verfallenen Scheune hervor. Vor ihrer Tür erstreckt sich ein weites Gebirgstal, das sich im Winter in eine dicke Schneedecke hüllt. Das Interieur des Hauses ist größtenteils original erhalten. Raue, unbehandelte Holzbalken bilden einen starken Kontrast zu den fein ziselierten Details der kreisförmigen Tür. Diese umgebaute Scheune ist eines von vielen ehemals baufälligen Hofgebäuden des Skigebiets Myrkdalen, die heute wieder liebevoll instand gesetzt werden. Auch nach der Schneeschmelze ist der größte Ferienort Westnorwegens eine Reise wert: Statt Skipisten durchziehen dann zauberhafte Wanderwege die wilde Umgebung •

Gut zu wissen...

Bis zu vier Personen finden in der Hütte Platz. Komfort bieten das Schlafmodul und der Kamin. Das Design entwarf das Architekturbüro OPA Form. Mit dem Skilift, dem Schneescooter, auf Skiern oder in Wanderschuhen ist die Hütte gut zu erreichen.

In der Schreibstube

| SLATE CABIN · SNOWDONIA NATIONAL PARK, WALES, GROSSBRITANNIEN |

In diesem Häuschen am Rande eines Nationalparks entstehen neue Ideen

Diese schieferverkleidete Hütte zeichnet stilvolle Kanten in das umliegende Tal. Das Häuschen wurde ursprünglich für einen Schriftsteller gebaut, der sich hier zu seinen Geschichten inspirieren ließ. Die Verkleidung der Slate Cabin besteht aus recycelten Schieferfliesen von lokalen Bauernhöfen. Der Innenbereich ist als offener Raum konzipiert. Aus Sperrholz wurden gemütliche Nischen zum Sitzen, Essen und Arbeiten gestaltet. Durch das horizontale Fenster, das sich über die gesamte Breite des Hauses erstreckt, bietet sich auch vom Bett ein wundervoller Blick auf die Umgebung •

Gut zu wissen...
Der Weg zur Slate Cabin führt durch kleine Städte, vorbei an Seen, Weiden und einer historischen Burgruine. Die letzten Meter macht man auf einem Trampelpfad. Zum Lesen, Schreiben und Denken eignet sich die Hütte genauso gut wie als Ausgangspunkt für ausgedehnte Spaziergänge und Ausflüge.

Huckleberry Finns Hütte

| ROWAN HUT · BELLINGHAM, NORTHUMBERLAND, GROSSBRITANNIEN |

Dieses Holzhäuschen wurde von der nordamerikanischen Wildnis inspiriert

Im Abendlicht werfen die Schaukelstühle auf der Veranda ihre langen Schatten über die verwitterte Holz- und Wellblechfassade der Rowan Hut. Der antike Look ist gewollt: Wie einem Mark-Twain-Roman entsprungen, versetzt die rustikale Hütte ihre Besucher in eine Zeit, in der abends am Feuer noch Geschichten erzählt wurden. Eine Dusche, ein schimmerndes Kupferwaschbecken, eine voll ausgestattete Küche und Stromanschluss sorgen gleichzeitig für modernen Komfort. Die einsame Lage am Waldrand eignet sich perfekt für Spaziergänge in freier Natur, ungestörte Plaudereien am Kamin oder unbeschwertes Ausspannen ohne Termine •

Gut zu wissen...
Eine kunstvoll verzierte Stahltreppe führt hinauf zum Schlafboden, dessen Dachfenster über die ländliche Umgebung bis in den Sternenhimmel schaut. Die Hütte verfügt über ein separates Schlafzimmer mit Etagenbetten für Kinder ab fünf Jahren. Die Badewanne unter freiem Himmel verspricht Entspannung der Extraklasse.

Für Gipfelstürmer

| CAMP LUCA VUERICH · FORONON DEL BUINZ, JULISCHE ALPEN, SLOWENIEN |

In dieser winzigen Hütte können Kletterer und Wanderer kostenlos übernachten

Vor dem majestätischen Panorama der Julischen Alpen und hoch oben auf einer Alm liegt diese einfache Berghütte. Wanderer und Kletterer auf der Tour zum 2531 Meter hohen Gipfel des Foronon del Buinz schlafen hier kostenlos. Entworfen hat das Häuschen der italienische Architekt Giovanni Pesamosca. Auf 16 Quadratmetern stehen genügend Etagenbetten für bis zu neun Gäste zur Verfügung. Die Aussicht auf die umliegende Bergwelt ist mehr als atemberaubend. Die Hütte ist dem verunglückten Bergsteiger Luka Vuerich gewidmet, dessen Familie das Projekt in Auftrag gab •

Gut zu wissen...
Fachleute, Freiwillige und Angehörige von Luka Vuerich errichteten das Häuschen an einem einzigen Tag. Die Baumaterialien wurden per Hubschrauber auf den Foronon del Buinz gebracht.

Versteckt im Wald

| ROBINS NEST · WITZENHAUSEN, HESSEN, DEUTSCHLAND |

Sechs individuell gestaltete Baumhäuser aus natürlichen Materialien

Wie ein wohlgehütetes Geheimnis liegen die sechs Häuschen des Robins Nest versteckt in den Bäumen. Eines schwebt wie eine außerirdische Kugel über dem Waldboden, ein anderes steht auf Stelzen und ist mit kuscheligen Fellen ausgelegt. Bei der Ausstattung wurde streng auf rein natürliche Materialien geachtet. Über Leitern und Hängebrücken sind auch die höchsten Häuschen des kleinen Baumdorfs relativ bequem zu erreichen. Strom, Licht und Elektroheizung sind vorhanden. Dagegen wird bewusst kein WLAN angeboten, sodass die Gäste hier wortwörtlich abschalten können •

Wie ein wohlgehütetes Geheimnis liegen die sechs Häuschen des Robins Nest versteckt in den Bäumen.

Gut zu wissen...
Die Duschen befinden sich im etwa 150 Meter entfernten Hotel Schloss Berlepsch. Jeder Morgen beginnt mit einem rustikalen Frühstücksbuffet mit hausgemachten Köstlichkeiten.

Für Cowboys und Cowgirls

| HONEYWELL HUT · MOTUEKA, TASMAN, NEUSEELAND |

Wie einem Western entsprungen steht diese kleine Hütte allein in den Bergen

Mit ihrer robusten Holzfassade und den Fotovoltaik-Paneelen auf dem Dach strahlt die Honeywell Hut modernen Westerncharme aus. Sie ist von grün bewachsenen Bergen umgeben. Viele ihrer hübschen Accessoires sind aus recyceltem Holz von einer nahen Schaf- und Rinderfarm gefertigt. Entspannen kann man hier am besten im Schaukelstuhl auf der Veranda oder abends bei einem warmen Bad in der Wanne unter freiem Himmel. Der Außenholzofen sorgt für warmes Badewasser, während ein kleiner Kanonenofen den Innenbereich warm hält •

Entspannen kann man hier am besten im Schaukelstuhl auf der Veranda oder abends bei einem warmen Bad in der Wanne unter freiem Himmel.

Gut zu wissen...
Die Umgebung lädt zum Reiten, Mountainbiken und Wandern ein. Im nahen Fluss kann man an heißen Sommertagen herrlich schwimmen. Für ihre Verpflegung sorgen die Gäste hier selbst; der nächste Markt befindet sich im etwa 50 Fahrminuten entfernten Motueka.

Kapelle auf Rädern

| HOLLY HUT · BELLINGHAM, NORTHUMBERLAND, GROSSBRITANNIEN |

Dieses kleine Haus auf Rädern wurde
von den ersten Kirchen Neuenglands inspiriert

Zwischen den hohen Koniferen wirkt die hübsche Holly Hut gleich nochmal so klein. Und doch bietet das hölzerne Häuschen genug Platz für ein gemütliches Kingsize-Bett. Vom Schlafloft fällt der Blick auf die überraschend geräumige Küche. Die große freistehende Kupferbadewanne schimmert auf den Holzdielen. Bunte Wandfliesen schmücken die kleine Holzofenecke. Zwei Stühle hängen platzsparend an der Wand und lassen sich mit zwei Handgriffen auf der Veranda aufstellen. Mit Blick auf Felder und Bäume schmecken Mahlzeiten hier besonders gut •

Gut zu wissen...

Nach einem Waldspaziergang wird es im Schlafzimmer dank der individuell einstellbaren Stimmungsbeleuchtung besonders romantisch. Details wie die Holzverkleidung einer alten viktorianischen Schule und die große, originale Kirchentüren geben der Holly Hut ihren einzigartigen Charakter.

Natur mit Komfort

| THE WOODSMAN'S TREEHOUSE · HOLDITCH, DORSET, GROSSBRITANNIEN |

Dieses Baumhaus verwöhnt anspruchsvolle Gäste inmitten der Natur

Leise sprudelt der Whirlpool zwischen den grünen Bäumen auf dem Hausdach. Darunter knistert im großzügigen, runden Schlafzimmer ein hübscher Holzofen. Das Woodsman's Treehouse lässt auch bei anspruchsvollen Gästen keine Wünsche offen. Für Verwöhnmomente sorgen auch die Sauna auf der Terrasse, die Baumdusche im Freien und die tiefe Kupferbadewanne. Durch das deckenhohe Fenster genießt man den Blick auf den Wald. Harmonisch schmiegt sich das Baumhaus in seine Umgebung. Für den Bau wurden zum Großteil nachhaltig geschlagenes Holz und Materialien aus der Region verwendet •

Für Verwöhnmomente sorgen die Sauna auf der Terrasse, die Baumdusche im Freien und die tiefe Kupferbadewanne.

Gut zu wissen...
Wem Feuerstelle, Grillplatz und ein See mit Regenbogenforellen nicht genug sind, der findet im vorab versandten Infopaket eine Liste mit Restaurantempfehlungen. Zudem können Gäste gern den Pizzaofen nutzen, in der Gemeinschaftsjurte entspannen oder an einem Holzworkshop teilnehmen.

Spiel der Sonnenstrahlen

| SEA VIEW HOUSE · TARIFA, ANDALUSIEN, SPANIEN |

Dieses Haus mit Meerblick beweist, dass sich Stil und wenig Platz keineswegs ausschließen

Vor der Terrasse des Sea View House vereinen sich tiefes Meerblau harmonisch mit sanften Grün- und Goldtönen von Kakteen, Bäumen und trockenem Gras. Warme Sonnenstrahlen malen verspielte Muster auf die Wellen. In der gut ausgestatteten Küche wacht ein Edelstahlkühlschrank über erfrischende Getränke. Der hohe Raum mit seinem kühlen Holzboden wirkt großzügig und offen. Nachmittags lädt die filigrane Hängematte zum Schläfchen bei fernem Wellenrauschen ein •

Gut zu wissen...
Lebensmittel sind in der fünf Fahrminuten entfernten Stadt Tarifa oder im nahen und rund um die Uhr geöffneten Supermarkt erhältlich. Die Küste bietet sich zum Sonnenbaden, Wandern und Mountainbiken an. Die frische Brise macht Windsurfen und Drachensteigen zum Vergnügen.

Hoch oben auf der Alp

| STARLIGHT ROOM · CORTINA D'AMPEZZO, DOLOMITEN, ITALIEN |

Diese halb verglaste Hütte bezaubert mit einem sensationellen Blick auf die Dolomiten

Eingekuschelt in das Doppelbett im Starlight Room lassen sich die Dolomiten besonders komfortabel erleben. Durch die verglaste Decke und die bodentiefen Fenster entfaltet das Bergmassiv seine ganze Schönheit. Nachts scheinen die Sterne in die Hütte für zwei. Der Starlight Room liegt auf 2054 Metern und ist mit dem Motorschlitten oder per Schneeschuhwanderung zu erreichen. Das traditionelle Frühstück und das Abendessen sind im Preis enthalten. Die Skier, auf denen der Starlight Room den Hang herunterzugleiten droht, sind übrigens lediglich Attrappe •

Gut zu wissen... Für einen Ausflug zum Col Gallina bieten sich die beliebten Fat Bikes an, deren breite Reifen für verschneite Wege wie gemacht sind. Bei einem guten Film oder auserlesener Musik wird es im Bett besonders kuschelig. Selbst die Raumtemperatur lässt sich vom Bett aus einstellen. Der größere Starlight Room 360 bietet zusätzlich einen Essbereich und ein Badezimmer.

Meditation über den Wipfeln

| BERGALIV LOFT HOUSE · ÅSBERGET, ORBADEN, SCHWEDEN |

Dieses Turmhaus scheint über der skandinavischen Landschaft zu schweben

Auf zehn Metern über dem Erdboden blickt das Bergaliv Loft House über die Kronen der Birken und Kiefern. Die minimalistisch-spartanische Einrichtung, die weite Aussicht und das leise Rauschen der Baumwipfel lassen den Geist zur Ruhe kommen. Helles Holz dominiert das Interieur. Der Futon kann tagsüber platzsparend an die Wand geklappt werden. Leinen und Keramikelemente in unaufdringlichen Farben unterstreichen die kontemplative Atmosphäre. Der Platz am großen Fenster ist wie geschaffen zum Lesen oder Mecitieren •

Die minimalistisch-
spartanische
Einrichtung, die weite
Aussicht und das
leise Rauschen
der Baumwipfel lassen
den Geist zur
Ruhe kommen.

Gut zu wissen...
Das Frühstück ist im Preis inbegriffen. Mittag- und Abendessen werden im nahen Orbaden Spa&Resort serviert. Vom Haus aus ist auch der Fluss Ljusnan zu sehen, dessen Äschen und Forellen als besonders schmackhaft gelten.

Schwarzes Juwel an der Küste Islands

| THE BLACK HOUSE · BORGARNES, VESTURLAND, ISLAND |

Zwischen Bergen und Meer bezaubert das Black House mit viel Flair und seiner ganz eigenen Geschichte

Einsam gelegen, nicht allzu fern von Reykjavík, aus Holz gebaut und vor allem schwarz sollte es sein. Kristinn Arnarson und Rut Káradóttir haben das Black House vom Konzept bis zu den finalen Bauarbeiten intensiv begleitet. Heute empfangen sie hier designverliebte Gäste, die entweder auf Islandrundreise sind oder schlicht ein paar Tage in absoluter Abgeschiedenheit entspannen möchten. Jahrelang hatte das Paar von einem schwarzen Sommerhaus geträumt. Ihre Vision war eine ungewöhnliche, denn üblicherweise werden die geteerten Häuser, in denen im 18. und 19. Jahrhundert meist Arbeiterfamilien lebten, heute als Museen genutzt. Andere sind denkmalgeschützt. Das 2015 gebaute Black House ist jedoch weder das eine noch das andere.

Das Black House liegt bei Borgarnes, rund 60 Kilometer von der isländischen Hauptstadt entfernt. Der Blick ist atemberaubend. Von der Holzterrasse aus, schaut man auf den silberblauen Atlantik. Die nahe Küste lädt zum Spaziergang in der isländischen Wildnis ein. Hinter dem Haus erhebt sich majestätisch der Berg Hafnarfjall, der besonders bei Wanderern und

„Unser Häuschen soll ein kuscheliges Nest sein, eine kleine Oase und ein Ort zum Wohlfühlen. Wir spüren beide seine positiven Schwingungen und glauben fest daran, dass es unseren Gästen ebenso geht."

Von der Holzterrasse aus, schaut man auf den silberblauen Atlantik. Die nahe Küste lädt zum Spaziergang in der isländischen Wildnis ein.

Kletterern beliebt ist. Der Aufstieg zu seinem Gipfel wird mit einer wunderbaren Aussicht auf die umliegende Landschaft belohnt. Bei Schnee und Sturm ziehen die meisten Gäste jedoch die kuscheligen vier Wände des Black House vor. Interior-Designerin Rut hat das Haus mit viel Feingespür eingerichtet. Moderne Elemente und zeitlose Klassiker ergänzen das historische Flair. Die Küche ist gut ausgestattet und es gibt einen geräumigen Wohn- und Essbereich. Im Obergeschoss befinden sich die Schlafzimmer und ein elegantes Bad. Die Braun- und Blautöne wirken warm und harmonisch. Genauso wichtig wie das ausgewählte Interieur ist für Kristinn die gute Energie des Black House: „Unser Häuschen soll ein kuscheliges Nest sein, eine kleine Oase und ein Ort zum Wohlfühlen. Wir spüren beide seine positiven Schwingungen und glauben fest daran, dass es unseren Gästen ebenso geht."

Es dauerte ein paar Jahre, bis Kristinn und Rut den perfekten Ort für ihr Traumhaus gefunden hatten, und ein paar weitere für den Entwurf und die Bauarbeiten. Doch schon in der allerersten Nacht im Black House war für Kristinn die romantische Atmosphäre deutlich spürbar. Und seine Gäste, so hofft er, empfinden das ganz genauso •

Gut zu wissen...

Das traditionell isländische Holzhaus blickt auf die Halbinsel Snæfellsnes, die bequem zu erreichen ist. In der Nähe führt ein toller Wanderweg auf den Gipfel des Hafnarfjall. Der anspruchsvolle Anstieg wird mit einer fantastischen Aussicht belohnt. Das Black House ist ideal gelegen für Ausflüge in Islands Westen und in das beschauliche Städtchen Borgarnes.

Container mit Seeblick

| VIPP SHELTER · SEE IMMELN, MALMÖ, SCHWEDEN |

So harmonisch fügen sich Stahl und Glas in die natürliche Umgebung ein

Im Herzen der schwedischen Wildnis wirkt diese schwarze Stahlkonstruktion wie ein willkommener Gast. Das schlichte Design in dezentem Schwarz und Grau nimmt sich zwischen den farbenprächtigen Bäumen und dem glitzernden See elegant zurück. Große verglaste Schiebetüren machen das Vipp Shelter transparent. Das Schlafloft ist über eine Leiter erreichbar. Durch die Oberlichter scheint das wechselnde Tageslicht ins Innere des stählernen Hauses. Die Küche ist komplett ausgestattet. Ein Abendessen am Feuer, ein besinnlicher Waldspaziergang oder ein frühmorgendliches Bad im See machen den Besuch im Vipp Shelter zu einem unvergesslichen Erlebnis •

Gut zu wissen...
Weder Zimmerservice noch ein nahes Restaurant sind verfügbar. Dafür kann man selbst mitgebrachte Zutaten bequem in der Küche oder im Freien zubereiten. Zu den durchdachten Extras gehören eine Nespresso-Kaffeemaschine, Champagner im Kühlschrank und Pflegeprodukte der Marke Aesop im Badezimmer.

vipp

So nah und doch so fern

| GETAWAY · BOSTON, NEW YORK UND WASHINGTON, USA |

Die versteckten Häuschen von Getaway versprechen Erholung und digitale Auszeit

Nur jeweils zwei Stunden von New York, Boston oder Washington entfernt warten die Minihäuser von Getaway auf gestresste Städter. Die Unterkünfte laden dazu ein, das Handy gegen gute Gespräche und den Alltag gegen einen Waldspaziergang einzutauschen. Ruhe und Natur tun gut und fördern nachweislich die Kreativität und das innere Gleichgewicht. Die Anfahrtsbeschreibung zum Haus bekommen die Gäste kurz vor jedem Aufenthalt, die Türen werden per Zugangscode geöffnet. Ohne Termindruck kann man hier das Rauschen der Bäume genießen, sich am Feuer Geistergeschichten erzählen und endlich mal wieder ausschlafen •

Diese Unterkünfte laden dazu ein, das Handy gegen gute Gespräche und den Alltag gegen einen Waldspaziergang einzutauschen.

Gut zu wissen...
Handys können in einen speziellen Safe eingeschlossen werden – tolle Gespräche werden so nicht durch lästiges Klingeln gestört.
In jedem Häuschen ist mit Snacks und einfachen Mahlzeiten für Verpflegung gesorgt. Auch Brennholz für gemütliche Grillabende steht zur Verfügung.

Französische Eiche

| ORIGIN TREE HOUSE · RARAY, PICARDIE, FRANKREICH |

Der Architekt dieses Baumhauses hat sich von einem Nest inspirieren lassen

Herzstück des Origin Tree House ist eine jahrhundertealte Eiche. Wie ein stilisiertes Vogelnest windet sich das Baumhaus um ihren Stamm. Zart verkleiden horizontal ineinandergreifende Lamellen den achteckigen Grundriss. Das geometrische Haus ist dabei so funktional wie einladend. Durch die großzügigen Fenster scheint warmes Tageslicht auf das schlicht gehaltene Holzinterieur. Helles Eichenholz schafft eine warme, gemütliche Atmosphäre. Dichtes Laub schützt das besondere Nest vor Regenschauern und starker Sonne •

Gut zu wissen...
Der Zugang zum Baumhaus erfolgt über eine separate Plattform mit einem beheizten Spa und einem Ruhebereich. Einfacher Komfort wie fließendes Wasser, Strom und ein Badezimmer mit Dusche sind vorhanden.

Nur für Bergsteiger

| ALPINE SHELTER · ZGORNJE JEZERSKO, BERG SKUTA, SLOWENIEN |

Diese außergewöhnliche Schutzhütte wurde von einem visionären Architektenteam entworfen

Das dreigeteilte Dach des Alpine Shelter zitiert die zackenförmigen Grate der umliegenden Berge. Diese besondere Schutzhütte wurde als Gemeinschaftsprojekt des Architekturbüros OFIS und Studenten der Graduate School of Design der Universität Harvard entworfen und auf dem dritthöchsten Gipfel der Kamniker Alpen realisiert. Nach dem anspruchsvollen Aufstieg finden Wanderer und Bergsteiger hier hölzerne Etagenbetten für acht Personen vor. Nachts scheint das Licht der Schutzhütte hell in die einsame Bergwelt, und tagsüber spiegeln sich deren faszinierende Gipfel in den geometrischen Fenstern •

Gut zu wissen…

Die elegante Schutzhütte bietet Stauraum, eine kleine Küchenzeile und einen Gemeinschaftsraum. Die spezielle Verkleidung und die Dreifachverglasung schützen zuverlässig vor dem rauen Klima der Alpen.

Fernweh mit Farnblick

| TINY FERN FOREST TREEHOUSE · LINCOLN, VERMONT, USA |

Schlichtes Baumhaus mit bodenständigem Ambiente

Mitten im Wald führt eine hölzerne Rampe bis auf neun Meter hoch in die Baumwipfel. Von bunten Lichterketten umrahmt schwebt hier ein schlichtes Häuschen in luftigen Höhen. Hinter dem Baumstamm, um den der Wohnbereich gebaut ist, versteckt sich eine kleine Kuschelecke am Fenster. Seinen Namen verdankt das Tiny Fern Forest Treehouse dem grünen Farnbewuchs, der den Waldboden ringsum bedeckt. Von der Terrasse blickt man auf den Mount Abraham und den Green Mountain National Forest •

Gut zu wissen...

Den Gästen des Baumhauses steht ein Whirlpool zur Verfügung – besonders beliebt für nächtliche Bäder unter funkelndem Sternenhimmel.

Unter der Erde und nicht von dieser Welt

| UNDERHILL · HAMILTON, WAIKATO, NEUSEELAND |

Dieses Erdhaus bietet Besuchern aus der ganzen Welt ein charmantes, familiäres Wohnerlebnis

„Jeder Besuch hier fühlt sich an wie eine feste Umarmung von Dad.“

Irgendwo auf der Nordinsel von Neuseeland liegt, halb versteckt unter seinem Grasdach, ein kleines magisches Haus. Allen sofortigen Assoziationen zum Trotz hat es allerdings nichts mit dem verwunschenen Hobbingen aus dem Klassiker Der Herr der Ringe zu tun. Das unterirdische Underhill – ein umweltfreundliches Häuschen aus recycelten und natürlichen Materialien – entstand als liebevolles Bastelprojekt von Graham Hannah. Der gebürtige Engländer hatte in den 1970er-Jahren einen Bauernhof in Neuseeland gekauft. Inspiriert hatten ihn seine langen Reisejahre, in denen der Globetrotter auch die ausgefallenen Hügelbauten des Nahen Ostens kennenlernen konnte. Diese Häuser dienten ihm als Vorbild, denn sie können das ganze Jahr über auf natürliche Weise ihre Temperatur halten: Im Sommer bleiben sie angenehm kühl, im Winter speichern sie wohlige Wärme.

Mit Underhill erfüllte sich Graham einen lang gehegten Traum. „Der Bau hat Jahre gedauert", erzählt seine Tochter Jessie Moon. Lebhaft erinnert sie sich daran, wie sie als Kind in einem frisch gegrabenen Loch im Hügel saß. „Dad hatte viele kreative

Freunde aus den verschiedensten Branchen, die ihm alle gern geholfen haben. In Underhill stecken nicht nur harte Arbeit und Hartnäckigkeit, sondern gleichzeitig sehr viel Liebe und Hingabe." Jahrelang wussten nur enge Freunde und Familienmitglieder von dem kleinen Haus unter dem Grasdach. „Als wir 2012 die ersten Gäste von außerhalb begrüßten, waren selbst die meisten Nachbarn überrascht", lacht Jessie. Bis heute bleibt der Besuch im Underhill ein bisschen mysteriös: Wer hier reserviert, erhält die genaue Adresse erst nach abgeschlossener Buchung.

Verantwortlich für den Hof und das Underhill sind heute Jessie und ihr Ehemann, die nebenher ein kleines Ausflugsunternehmen leiten. Seit dem Tod von Graham im Jahr 2016 ist Underhill für die Familie weit mehr als nur ein kleines Höhlenhaus – es hält liebgewonnene Erinnerungen wach. „Mit meinen Kindern spiele ich hier genauso ausgelassen wie früher als kleines Mädchen", lächelt Jessie. „Gleichzeitig ist Underhill so etwas wie meine Kuschelhöhle: Jeder Besuch hier fühlt sich an wie eine feste Umarmung von Dad." Auch seine abgeschiedene Lage macht Underhill zu einem ganz besonderen Ort. Ohne Elektrizität und Internet lässt sich hier buchstäblich abschalten. Für ein wenig Luxus sorgen hochwertige Bettwäsche, flauschige Bademäntel und eine altmodische Badewanne im Freien, die mit klarem Regenwasser gefüllt wird •

Gut zu wissen...

Wie ein Hobbithaus versteckt sich das Underhill unter einem sanften Hügel. Besonders hübsch sind die Schmiedearbeiten und die handgefertigten Details aus regionalem Holz. Mit seinem alten Kohleofen und dem romantischen Kerzenlicht am Abend versetzt das kleine Erdhaus seine Gäste in die Vergangenheit. Die Badewanne steht unter freiem Himmel und blickt auf den Teich und die grünen Felder. Wer es luxuriös mag, genießt zum Bad ein Glas Wein.

Ausguck für Surfer

| KUDHVA · TREBARWITH, CORNWALL, GROSSBRITANNIEN |

Auf schlanken Holzbeinen steht dieses Surferhäuschen in einem ehemaligen Schieferbruch

Mit seinen schmalen Stelzen erinnert das Kudhva an einen wunderlichen Grashüpfer aus Holz und Glas. Vom hängenden Bett aus kann man den Blick durch das dreieckige Fenster über den umliegenden Schieferbruch bis zur Küste schweifen lassen. Besonders Surfer und Outdoorfans fühlen sich hier wohl. Auf Wunsch fährt die Eigentümerin ihre Gäste gern im originalen 1978 Ford F350 zu den besten Surfspots der Umgebung. Zu den Extras gehören ein Whirlpool und eine Hängematte im angrenzenden Wäldchen •

Gut zu wissen...
Verwunschene Pfade führen durch den umliegenden Wald. Das Bad im dortigen Wasserfall mit kleinem See ist schwer zu toppen. Wer mag, grillt unter freiem Himmel. Der nahe gelegene Trebarwith Beach erstreckt sich über 800 Meter entlang geheimnisvoller Höhlen und Klippen.

Besonders Surfer und Outdoorfans fühlen sich hier wohl. Auf Wunsch fährt die Eigentümerin ihre Gäste zu den besten Surfspots der Umgebung.

Zu Wasser gelassen

| DD16 · MOSKAU, RUSSLAND |

Modular und kompakt widersteht dieses Haus auch den eisigsten Temperaturen

Wie eine kleine warme Oase schwimmt dieses aluminiumverkleidete Haus auf einem eisigen See. Das nur 16 Quadratmeter große, modulare DD16 wurde von Bio Architects speziell für die extremen russischen Wetterbedingungen entworfen. Der Innenbereich ist mit laminiertem Holz ausgebaut. Durch die großen Fenster lässt sich die ganz eigene Schönheit der eher unwirtlichen Umgebung bewundern. Alle Module des Survival-Hauses wurden in einer Fabrik gefertigt und vor Ort zusammengesetzt. Wenn der See im Sommer oder Herbst eisfrei ist, werden die Gäste mit dem Boot bis vor die Haustür gefahren •

Gut zu wissen...

Aussparungen im hölzernen Rahmengerüst des DD16 reduzieren das Gesamtgewicht des Hauses. Eine Waschmaschine, viel Stauraum und modulares Mobiliar sorgen für Komfort.

Wohnwagen mit Ausblick

| WARWICK KNIGHT · LONGNEY, GLOUCESTERSHIRE, GROSSBRITANNIEN |

Extravaganter Wohnwagen mit Komfort,
Wendeltreppe und Dachterrasse

Mit seiner Wendeltreppe und der polierten Metallfassade wirkt der Warwick Knight wie eine außerirdische Raumkapsel. Nicht umsonst gilt er als Rolls Royce unter den Wohnwagen: Die begrünte Dachterrasse, die elegante Sitzecke im Wohnbereich und das durch Schiebetüren abgetrennte Schlafzimmer lassen keine Wünsche offen. Wer kochen will, hat die Wahl zwischen Lagerfeuer und Holzofen. Auch in der großzügigen Küche lassen sich Gerichte bequem vor- und zubereiten. In der Ferne glitzert der River Severn. Nachts leuchten bunte Lampions in den umliegenden Bäumen •

Gut zu wissen...

Der kinderfreundliche Wohnwagen ist mit Etagenbetten eingerichtet, die kleine Kletteraffen gut erreichen. Direkt neben dem Warwick Knight befindet sich eine verlässliche Warmwasserdusche.

Auf zu den Sternen

| AIRSHIP 002 · DRIMNIN, SCHOTTLAND, GROSSBRITANNIEN |

Extravaganter Aluzeppelin mit runder
Glasfront und Meerblick

Am Abend scheinen die letzten Sonnenstrahlen in das konvexe Wohnzimmerfenster des Aluzeppelins und tauchen den Atlantik in ein goldenes Licht. Bei stürmischem Wetter kann man den Regen beobachten und zuschauen, wie der Wind in der Ferne die Wellen aufpeitscht. Dann wird es am Kamin besonders gemütlich. Von außen wirkt das AirShip 002, als hätten es Roderick James Architects für James Bond persönlich entworfen. Das 1,6 Hektar große Gelände eignet sich perfekt für ruhige Spaziergänge mit fantastischer Aussicht. Bei schlechtem WLAN- und Handyempfang lässt sich wunderbar abschalten •

Gut zu wissen...

Die nächstgelegene Stadt, Lochaline, ist etwa 13 Kilometer entfernt. Es sollten also ausreichend Lebensmittel mitgebracht werden.

Sonnenanbeter

| **TOP OF THE HILL ACRES · TOPANGA, KALIFORNIEN, USA** |

Hippiefeeling im Airstream für Zwei nahe den Santa Monica Mountains

Dieser detailverliebt gestaltete Airstream-Camper, Traum eines jeden Aussteigers, steht in der trockenen Landschaft Südkaliforniens. Außen elegant-metallisch, ist das Interieur des Top of the Hill Acres eher unkonventionell gehalten. Bunte, handgenähte Kissen und geblümte Stoffe verbreiten Hippieflair. Vor der Campertür wachen große Giraffen aus Metall über das kleine Paradies. Auf einem bequemen Sofa ist das Nickerchen im Schatten doppelt erholsam. Die freie Natur und zauberhafte Extras versprechen ein einzigartiges „Glamping"-Erlebnis •

Gut zu wissen...

In der Küche im kleineren Trailer, auf dem Grillplatz oder an der Feuerstelle darf gern gekocht werden. Der größere Trailer bietet zwei Schlafplätze, aber keinen Strom. Nachts sind Kerzen oder Laternen die einzige Lichtquelle.

Eine runde Sache

| LOST MEADOW TREEPOD · BODMIN, CORNWALL, GROSSBRITANNIEN |

Diese umweltverträgliche Zedernholzkugel hängt hoch oben in den Baumwipfeln

Auf drei Metern über dem Waldboden hängt der Lost Meadow Treepod an einem Baum. Die ausgefallene, mit Zedernschindeln verkleidete Wohnkugel ist von den ersten Zeppelinentwürfen inspiriert. Ihre nahezu berührungslose Aufhängung minimiert die Umweltbelastung. Zur einfachen Einrichtung gehört ein Holzbrenner, der die Kugel auf kuschelige Temperaturen heizt. Durch das Oberlicht über dem Bett scheinen nachts die Sterne. Gästen des Lost Meadow Treepod stehen ein Küchenhäuschen, eine Feuerstelle und ein Loungebereich am Fluss zur Verfügung. Hier darf auch gern geangelt werden •

Gut zu wissen...

Aus dem doppelt verglasten Fenster überblickt man das acht Hektar große Privatgelände, das zu Erkundungstouren einlädt. Zu den nahen Sehenswürdigkeiten von North Cornwall zählen das berühmte Bodmin Moor und die Sandstrände von Looe.

Britisches Nomadenleben

| KUSHTI · EAST GRINSTEAD, SUSSEX, GROSSBRITANNIEN |

Tief versteckt in den englischen Wäldern liegt eine multikulturelle Jurte

Wie Sonnenstrahlen umgeben die Dachsparren das runde Oberlicht dieser zauberhaften Jurte. Hier scheint die Welt eine andere und das Leben so schlicht wie in längst vergangenen Tagen. Die tragenden Holzbalken sind mit traditionellen Motiven bemalt, dazwischen leuchten bunte Teppiche und Textilien aus Indien und Fernost. Wärme spendet ein einfacher Holzofen. Abends machen sich die Kerzen im Innenbereich und das Lagerfeuer unter freiem Himmel gegenseitig Konkurrenz. Im Frühling sind die Böden der umliegenden Wälder mit Glockenblumen, Orchideen und Bärlauch bedeckt. Seit vielen Jahren lebt ein Reiher am nahen Teich •

Gut zu wissen...

Für einen kleinen ökologischen Fußabdruck sorgen Holzkohle aus lokaler Produktion und eine wassersparende Dusche, die mit Ein-Pfund-Münzen betrieben wird. Auf Anfrage werden Pilzsammler-, Holzfäller- und Imkerkurse angeboten. Fans von Pu dem Bären besuchen die „Pooh Bridge" und andere Sehenswürdigkeiten, die den Schriftsteller A.A. Milne zu seinem beliebten Kinderbuchklassiker inspiriert haben.

Hoch und heilig

| HAVELPRATER · HAVELSEE, BRANDENBURG, DEUTSCHLAND |

Diese Kirche hat ihre alte Orgel gegen ein gemütliches Doppelbett getauscht

Der gute Geist vieler vergangener Predigten scheint noch immer im hohen Schiff dieser neoromanischen Kirche zu schweben. Heute dienen die heiligen Mauern als außergewöhnliches Sommerhaus. Das rote Backsteingebäude blickt über die Havel. Ganzer Stolz des dazugehörigen Privatgartens ist eine hundertjährige Eiche. Wo einst die Orgel stand, ist nun ein schlichtes Doppelbett. Eine übrig gebliebene, frisch in kräftigem Türkis gestrichene Kirchenbank hebt sich leuchtend von der unbehandelten Kirchenmauer ab. Bis zur Havel sind es nur wenige Schritte. Wer nicht schwimmen möchte, unternimmt einfach einen Spaziergang am grünen Ufer •

Gut zu wissen...

Zur einfachen Einrichtung der Kirche gehört eine Komposttoilette mit Holzspänen und Sägemehl. Bei Nutzung der voll ausgestatteten Küche wird darum gebeten, Küchenabfälle selbst zu entsorgen.

Neues aus der Uckermark

| GARTENHAUS SALIX · RUTENBERG, BRANDENBURG, DEUTSCHLAND |

Diese moderne Hütte liegt in der Nähe eines historischen Dorfes und eines Naturschutzgebiets

Vor dem verglasten Alkoven vom Gartenhaus Salix erstreckt sich eine tiefgrüne Weide. Daneben wiegen sich hochgewachsene Bäume leise im Wind. Das moderne Häuschen wurde von Architekt Peter Grundmann entworfen. Hier wohnen Gäste im Garten eines ehemaligen Pfarrhauses aus dem 19. Jahrhundert. Zu dem zwei Hektar großen Grundstück gehören ein alter Obstgarten und ein kleiner Wald. Die auffällig verglasten Erker blicken auf wilde Natur. Neben dem Bett bietet auch die überdachte Terrasse eine zauberhafte Aussicht. In der nahen Gemeinschaftslounge kann man in der Sauna und im Außenwhirlpool relaxen •

Gut zu wissen...
Die mit rustikalem Holz verkleidete Hütte verfügt über eine Kaminlounge, einen Essbereich und eine voll ausgestattete Küche. Zu den lohnenswerten Zielen in der Umgebung gehören der Naturpark Uckermärkische Seen, der Kronsee und das Dorf Rutenberg.

Rundherum schön

| CABAN CRWN · MACHYNLLETH, POWYS, GROSSBRITANNIEN |

Einfache Hütte aus Holz und Wellblech mit Blick über die walisischen Hügel

Vor der schlichten Caban Crwn wellen sich grüne Hügel bis zum Horizont. Kleine Farbtupfer wie die smaragdgrünen Terrassenmöbel, der leuchtend rote Türrahmen oder der rote Kamin frischen die einfache Optik des Häuschens gelungen auf. Die leicht erhöhte Holzterrasse erweitert den hübschen Wohnbereich. Unter der Terrasse befindet sich etwas Stauraum. Dusche und Komposttoilette liegen hinter einer versteckten Tür. Ein Ort wie gemacht für verträumte Abende am Feuer, an denen man die Sterne zählen kann •

Ein Ort wie gemacht für verträumte Abende am Feuer, an denen man die Sterne zählen kann.

Gut zu wissen…
In der fast unberührten Umgebung verlaufen viele Mountainbike- und Wanderrouten. Wer besonders mutig ist, fährt die anspruchsvollen Downhill-Strecken. Abends servieren die Pubs im nahen Machynlleth perfekt temperiertes Bier.

Grünes Bambusparadies

| **CABAÑA · ARMENIA, ANDEN, KOLUMBIEN** |

Romantische Cabaña auf einem
Biobauernhof in Südamerika

Aus den Fenstern unter dem schattenspendende Palmwedeldach schaut man auf das Tiefgrün des südamerikanischen Regenwalds. Ein Pfad schlängelt sich von der Tür der Cabaña durch den Bambuswald und über die zwei Hektar des Biobauernhofs. Hier wachsen Tropenfrüchte und Aloe Vera in der Bergluft der unberührten Anden. Nach dem liebevoll zubereiteten Frühstück helfen die freundlichen Gastgeber gern bei der Ausflugsplanung. In der Umgebung sind Besucher zum Drachenfliegen, Seilrutschen, Wildwasser-Rafting und Reiten eingeladen •

Gut zu wissen...

Das Team der Cabaña organisiert spannende Ökolandbau-Workshops und Touren zu lokalem Kaffeeanbau. Auf einer nahe gelegenen Farm werden vom Aussterben bedrohte Bienenarten gehalten.

Turm mit Weitblick

| TAINARON BLUE · VATHIA, MANI, PELOPONNES, GRIECHENLAND |

Dieser Turm wacht heute über das Wohlbefinden seiner Gäste

Majestätisch thront der historische Wachturm über dem Mittelmeer. Heute beherbergen die Mauern aus dem frühen 19. Jahrhundert das Tainaron Blue Retreat. Das Gebäude wurde sorgfältig renoviert und durch den modernen Komfort eines Boutiquehotels ergänzt. Luxus und Geschichte greifen hier harmonisch ineinander. Besonders eindrucksvoll ist die Mastersuite ganz oben im Turm: Die dazugehörige Privatterrasse scheint förmlich über der malerischen Umgebung zu schweben. Nach dem Bad im Pool laden die Tagesbetten im Schatten der Olivenbäume zum Entspannen ein. Das Hotelrestaurant serviert traditionell inspirierte Gerichte aus regionalen Biozutaten •

Nach dem Bad im Pool laden die Tagesbetten im Schatten der Olivenbäume zum Entspannen ein.

Gut zu wissen...
Die Kiesstrände von Mani liegen in Gehweite und mit dem Auto sind auch die nächsten Sandstrände schnell erreicht. Gern stellt das Hotelteam praktische Wanderkarten mit zauberhaften Routen in der Umgebung zur Verfügung.

Viktorianisches Traumschloss

| THE BANQUETING HOUSE · DURHAM, BERKSHIRE, GROSSBRITANNIEN |

Diese gotische Miniburg aus dem 18. Jahrhundert
bezaubert mit extravagantem Charme

Die dekorativen Glasfenster und der kleine Turm dieser gotischen Miniburg erzählen von der leicht verrückten Opulenz der viktorianischen Zeit. Auch das Innere des kleinen Schlosses ist reich verziert. Dekorative Kamine, aufwendig geknüpfte Teppiche und üppig geschmückte Decken verbreiten royales Flair. Das um 1746 erbaute Steinschloss blickt über einen malerischen Teich und ist zu beiden Seiten von dichtem Wald umgeben. Ursprünglich diente das Banqueting House als hübsches Nebengebäude des weitläufigen Anwesens. Heute veredelt – und veradelt – es Gästen aus aller Welt die wohlverdienten Ferien •

Gut zu wissen...

Bei der Sanierung im Jahr 1981 fand das Restaurierungsteam das Banqueting House ohne Dach und ohne Fenster vor. Glücklicherweise konnte ein Großteil des originalen Stucks im Schlafzimmer gerettet werden. Ein Rundgang durch das gepflegte Gibside Estate lohnt ebenso wie ein Besuch der lokalen Galerien und Museen.

Schlafen wie ein Seemann

| **BOATEL · MACHYNLLETH, WALES, GROSSBRITANNIEN** |

Diese preisgekrönte Kajüte schwimmt auf einem Meer aus Gras

Morgens schlagen hier keine Wellen, sondern Sonnenstrahlen an den Kiel. Das Boot, in dem das kuschelige Bett untergebracht ist, fügt sich unauffällig in die herrlich grüne Umgebung ein. Auch die historischen Gaslampen und der Fisheye-Spiegel im benachbarten Wohn- und Küchenhäuschen sorgen für maritimes Flair. Nicht umsonst ist das Boatel eine preisgekrönte Unterkunft. Bei britischem Regen halten Holzofen und Kerzenlicht die Hütte warm. Für WLAN und bei schlechtem Wetter steht das Haus des Eigentümers zur Verfügung. Das Boatel verfügt außerdem über eine solarbetriebene Dusche im Freien; das Wasser stammt aus eigener Quelle •

DANGER
HOME SWEET ~~HOME~~ SHED

Gut zu wissen ...
Im UNESCO-geschützten Biosphärenreservat Dyfi darf gesurft und gepaddelt werden. Für Mountainbiker und Motorradfahrer gibt es in der Umgebung viele malerische Strecken. Zu den Sehenswürdigkeiten in der Nähe zählen das Centre of Alternative Technology, die historische Schmalspurbahn Talyllyn Railways und der wunderschöne Berg Cader Idris.

Ein Hoch auf Hawaii

| TROPICAL TREE HOUSE · FERN FOREST, HAWAII, USA |

In diesem Dschungelhaus verschwimmen die Grenzen von außen und innen

Am Ende eines schmalen, von dunkelroten Zedern gesäumten Weges liegt ein kleines Baumhaus. Die tiefgrüne Natur scheint förmlich durch die großen Fenster hineinzuwachsen. Das handgefertigte Waschbecken aus Stein und die Regenwasserdusche untermalen die abgeschiedene Lage des Tropical Tree House. Wer durch die Bodenklappe nach oben klettert, gelangt auf die umlaufende Veranda mit ihrem 360-Grad-Blick in den Wald. Nachts mischen sich das Rauschen der Blätter, das leise Quaken der Coqui-Frösche und das aufgeregte Grunzen der (harmlosen) wilden Schweine zu einer kleinen Dschungelsymphonie •

Nachts mischen sich das Rauschen der Blätter, das leise Quaken der Coqui-Frösche und das aufgeregte Grunzen der (harmlosen) wilden Schweine zu einer kleinen Dschungelsymphonie.

Gut zu wissen…
Statt moderner Annehmlichkeiten bietet das Baumhaus helles Tageslicht, Solarenergie und Regenwasser. In der nahen Stadt Volcano stehen Wäscheservice, Lebensmittelgeschäfte und Restaurants zur Verfügung. Ein Reiseführer informiert über die wichtigsten Sehenswürdigkeiten.

Lust auf Küste ?

| WOODPECKER HUT · PUNAKAIKI, WESTKÜSTE VON NEUSEELAND |

Holz aus der Region und ein traumhafter Strandblick machen dieses Künstlerhaus zur Wohlfühloase

Die Woodpecker Hut besteht komplett aus Holz aus der Umgebung und wurde von einem lokalen Künstler gestaltet. Die beiden kleinen Hütten sind durch eine überdachte Außenküche und einen Wohnbereich miteinander verbunden. Vom Whirlpool aus Zedernholz aus kann man seinen Blick über die Küste schweifen lassen. Die Aussicht aus den Fenstern erinnert an impressionistische Gemälde: Auf der einen Seite hat der Maler grüne Wiesen hingetupft, auf der anderen das tosende Meer, in dessen Wellen sich morgens die aufgehende Sonne spiegelt •

Gut zu wissen...

In Safety Bay und Woodpecker Bay kann man gut einen Nachmittag am Strand verbringen oder die dortigen Höhlen erkunden. In Punakaiki und Charleston gibt es tolle Restaurants.

Die Aussicht aus den Fenstern erinnert an impressionistische Gemälde: Auf der einen Seite hat der Maler grüne Wiesen hingetupft, auf der anderen das tosende Meer.

Refugium im Dschungel

| HIDEOUT BALI · SELAT, BALI, INDONESIEN |

Mitten im indonesischen Dschungel lädt der Bambuspalast naturverliebte Gäste ein, die zum Wandern, Schwimmen und Sternegucken herkommen

Während der Bauarbeiten lebten die beiden ohne modernen Komfort, Strom oder fließendes Wasser – als „die beste Zeit unseres Lebens“ bezeichnen sie diese sechs Monate heute.

Das Hideout Bali liegt genauso versteckt, wie sein Name es verspricht. Zwischen weiten Reisfeldern, einem kleinen Bach und dem Vulkan Agung schmiegt sich die Bambusstruktur in ihre tropische Umgebung. Die Idee zu dieser kleinen umweltfreundlichen Oase hatte das Musikerpaar Ali und Jarmil. Die beiden hatten sich Hals über Kopf ineinander verliebt und beschlossen, sich ein gemeinsames kleines Paradies zu bauen.

Kaum ein halbes Jahr nach ihrer ersten Begegnung zogen Ali und Jarmil nach Bali. Hier meinte es die Fügung gut mit dem jungen Paar: Die beiden entdeckten ein abgeschiedenes Grundstück, das zum Verkauf stand und für ihre Vision wie geschaffen war. Schnell entstand die Idee eines einzigartigen Bambushauses. Denn obwohl Bambus zu den einheimischen Gewächsen Indonesiens gehört, hatten Ali und Jarmil bisher nur wenige Bambushäuser in Bali gesehen. „Unser Hideout sollte einfach und günstig zu bauen sein und dabei eine ganz besondere Energie haben", erklärt Ali. „Außerdem wollten wir die umliegende Natur so wenig wie möglich beeinträchtigen."

Die Bauarbeiten für das Hideout Bali begannen Ende 2014. Ali und Jarmil übernahmen die Bauaufsicht selbst und mit der tatkräftigen Hilfe eines Bambusspezialisten aus einem nahen

Dorf wurde der gemeinsame Traum langsam Realität. Während der Bauarbeiten lebten die beiden ohne modernen Komfort, Strom oder fließendes Wasser – als „die beste Zeit unseres Lebens" bezeichnen sie diese sechs Monate heute. Es ist genau dieses unbeschwerte Lebensgefühl, das man unter dem Bambusdach des Hideout Bali wiederfindet. „Wir haben das Hideout Bali für Abenteurer wie uns entworfen", erklärt Jarmil. „Und wir betonen immer, dass das Hideout kein Hotel ist. Was wir aber versprechen können, ist herrliche Einsamkeit und ein unvergessliches Erlebnis."

Das offene Konzept macht das Hideout zum perfekten Ziel für Naturliebhaber. Im Preis sind auch drei verschmuste Mitbewohner enthalten: Die Katzen des Hideout Bali lassen sich gern von den Besuchern kraulen. Wer mag, zupft abends die Ukulele und lässt sich von der indonesischen Wildnis inspirieren. Den meisten Gästen sind jedoch die aufregenden Geräusche des Dschungels schon Musik genug •

Gut zu wissen ...

Der Bach verspricht eine angenehme Erfrischung bei tropischen Temperaturen. Bei der Ankunft steht ein Willkommenskorb mit Obst und Gemüse der Saison bereit. Die Küche ist mit balinesischem Kaffee, Tee, Zucker, Salz und Gewürzen ausgestattet. Wer lieber kochen lässt, findet im nahen Dorf viele gute Restaurants. Ein kleiner Scooter mit zwei Helmen steht kostenlos zur Verfügung.

Schlafen bei den Fischen

| THE UNDERWATER ROOM · PEMBA ISLAND, TANSANIA |

Dieses Unterwasserschlafzimmer liegt mitten im Meer

Ein paar hundert Meter von der Küste entfernt schwimmt ein ganz besonders Hausboot im türkisfarbenen Wasser. Die Terrasse im Erd- oder sollte man sagen: Wassergeschoss blickt über die sanften Wellen bis zum Strand. Eine Leiter führt aufs Dach, das tagsüber zum Sonnenbaden und nachts zum Sternegucken einlädt. Highlight des Hausbootes ist jedoch das verglaste Unterwasserschlafzimmer. Die schillerndsten Meeresbewohner ziehen nur wenige Zentimeter vom Bett entfernt ihre Runden. Nachts erleuchten Unterwasserscheinwerfer die faszinierende Meereswelt, sodass bunte Fischschwärme die Gäste in den Schlaf wiegen •

Gut zu wissen...
Für Erkundungstouren in und auf dem Wasser stehen ein Kajak, Schnorchelzubehör und Flossen zur Verfügung. Mahlzeiten werden zur individuellen Wunschzeit serviert. Die sanft schaukelnde Terrasse ist der perfekte Ort für einen stilvollen Aperitif.

Bambus mit Meerblick

| PLAYA VIVA TREEHOUSE · JULUCHUCA, GUERRERO, MEXIKO |

Entspanntes Wellnessfeeling in einem runden Baumhaus in den Tropen

Das Playa Viva Treehouse bezaubert mit einem freien Blick auf das weite Meer. Hinter seiner runden Bambusfassade verbirgt sich ein gemütliches Doppelbett, über dem ein Baldachin aus weißer Baumwolle schwebt. Besonders gut lässt sich der farbenfrohe Sonnenuntergang von der Hängematte aus genießen. Umgeben von tropischem Grün schaukelt man hier knapp zwei Metern über dem Erdboden. Alle Gerichte werden aus lokalen Biozutaten zubereitet. Gastköche sorgen mit eigenen Kreationen auf der gesunden Speisekarte für Abwechslung •

Gut zu wissen...
Jeden Morgen finden hier Yogakurse statt und auch die frische Meeresbrise tut Geist und Seele gut. In den hoteleigenen Gärten kann gern Obst und Gemüse gepflückt werden.

Klein aber fein

| THE SALTBOX · ELMLEY, KENT, GROSSBRITANNIEN |

Auf wenigen Quadratmetern bietet dieses moderne Häuschen überraschend viel Komfort

Sonnenstrahlen scheinen durch die giebelhohen Glastüren von The Saltbox. Rundum erstreckt sich das 1200 Hektar große Naturschutzgebiet von Elmley. Mit ein wenig Glück und Geduld lassen sich hier Hasen, Eulen und Raubvögel beobachten. Das Kingsize-Bett aus recyceltem Holz bietet dafür wohl den komfortabelsten Aussichtspunkt. Im komplett ausgestatteten Badezimmer liegen diverse Pflegeprodukte bereit. Wer sich verwöhnen lassen will, bucht eine Massage oder eine Reiki-Anwendung. An kälteren Tagen bleibt es dank Wolldecke, Wärmflasche und gusseisernem Vintage-Ofen kuschelig warm. Neben einer hübschen Küchenzeile bietet das kleine Haus einen Essbereich unter freiem Himmel •

Gut zu wissen...

Im Ausziehbett können bis zu zwei Kinder bequem übernachten. Nur 15 Fahrminuten entfernt liegen die Sandstrände der längsten Küste Großbritanniens. Zu den weiteren Sehenswürdigkeiten in der Nähe gehören das Wasserschloss Leeds Castle, die malerischen Kent Downs, die Kathedrale von Canterbury und die Küstenstadt Whitstable, deren Austern als echte Delikatesse gelten.

Hier lassen sich Hasen, Eulen und Raubvögel beobachten. Das Kingsize-Bett aus recyceltem Holz bietet dafür wohl den komfortabelsten Aussichtspunkt.

Hoch über der Bucht

| CLAVELL TOWER · KIMMERIDGE, DORSET, GROSSBRITANNIEN |

Dieser historische Turm blickt auf ein UNESCO-geschütztes Weltnaturerbe

Wer romantische Einsamkeit sucht, ist hier richtig: Der historische Clavell Tower liegt auf einer Klippe hoch über dem Ärmelkanal. Umfassende Renovierungsarbeiten retteten den 1830 erbauten Turm vor dem Abriss, heute erstrahlt er wieder in seiner ganzen Schönheit. Viele der originalen Details konnten hervorragend erhalten werden. Das Schlafzimmer im vierten Stock verfügt über einen umlaufenden Balkon mit 360-Grad-Panoramablick auf das Meer und die Küstenlandschaft. Drinnen sorgt ein Kamin für Wärme und gemütliches Ambiente. Durch die großzügigen Balkontüren kann man die ganze Schönheit der UNESCO-geschützten Kimmeridge Bay bewundern •

Gut zu wissen...

Vom Parkplatz zum Clavell Tower geht man etwa zehn Minuten zu Fuß. Die erodierten und freigelegten Gesteinsschichten der faszinierenden Umgebung ziehen viele Geologen und Fossiliensucher an.

Wartebereich unter Bäumen

| THE FERRY WAITING ROOM · BALQUHIDDER, PERTHSHIRE, GROSSBRITANNIEN |

Der ehemalige Warteraum eines Fährhafens wartet heute selbst auf Gäste

Wie ein Kunstobjekt thront der mobile Warteraum des ehemaligen Fährhafens Port Appin über den Feldern. Wo einst Passagiere warteten, schlafen heute bis zu vier Gäste in einem Doppelbett und einem Etagenbett. Die grün gestrichenen Fensterrahmen strahlen mit der grünen Umgebung um die Wette. Bäume spenden ringsum wohltuenden Schatten. In der benachbarten Holzhütte befindet sich die Küche mit Essbereich und buntem Keramikgeschirr. Wenn man sich ein Fünf-Gänge-Gourmetdinner gönnen möchte, besucht man das benachbarte Boutiquehotel Monachyle Mhor •

Gut zu wissen...
Zu den ausgezeichneten Wanderwegen von Perthshire gehört auch der Aufstieg zum Ben More, dem höchsten Berg der Umgebung. Das nahe Hotel hat außerdem einen Fischladen, eine kleine Bäckerei und mehrere hübsche Teestuben.

Y BAICH

Im Gemüsegarten

| DAMSELFLY · BONCATH, PEMBROKESHIRE, GROSSBRITANNIEN |

Zwei romantische Bauwagen mit Blick auf Gemüsegärten und Blumenbeete

Die beiden Gastgeber und ehemaligen Städter Heather und Gill haben sich ihren Traum vom Landleben erfüllt. Heute teilen sie ihr kleines Paradies in den Preseli Hills gern mit Gästen. Im ersten Wagen des Damselfly befindet sich das Schlafzimmer mit einem Holzofen für kühle Abende. Der zweite beherbergt die Küche und das Bad mit Fußbodenheizung. Vor den Wagen finden sich Gemüse- und Blumenbeete und auch ein Obstgarten gehört zum Anwesen. Aus dem Hühnerstall gackert es leise. Gemüse darf selbst geerntet werden. Wer mag, nimmt an einem Workshop zu nachhaltiger Holzbearbeitung teil •

Gut zu wissen...

Die Gastgeber wohnen im benachbarten Marle Cottage. Dort stehen Sitzplätze und eine Feuerstelle im Freien den Gästen exklusiv zur Verfügung. In der Nähe liegt der Pembrokeshire Coast National Park mit seinen vielen idyllischen Stränden.

Vor den Wagen finden sich Gemüse- und Blumenbeete und auch ein Obstgarten gehört zum Anwesen. Gemüse darf selbst geerntet werden.

Legenden und Mythen

| ST WINIFRED'S WELL · WOOLSTON, HAMPSHIRE, GROSSBRITANNIEN |

Im Mittelalter war die Quelle bei diesem hübschen Häuschen ein beliebter Pilgerort

Mitten im Wald sprudelt versteckt eine kleine Quelle. Der Legende nach wurde hier die walisische Prinzessin Winifred von einem wütenden Freier enthauptet und vom Heiligen Beuno wieder zum Leben erweckt. Seit der Reformation steht dort dieses Häuschen an seinem Platz. Zunächst wurde es als Gerichtsgebäude, dann als Wohnhaus genutzt. Heute erinnert das sehr gut erhaltene mittelalterliche Gebäude an Zeiten, in denen Wunder fast zum Alltag gehörten. Wer noch immer an sie glaubt, wird das Bad in der ehrwürdigen Quelle besonders genießen •

Gut zu wissen…
Neben der Quelle, in deren angelegtem Schwimmteich man auch baden darf, steht Gästen ein modernes privates Bad zur Verfügung. Das Haus liegt geschützt zwischen den Bäumen und ist nur über einen öffentlichen Fußweg erreichbar.

Auf Flitterwochen

| BOLT FARM TREEHOUSE · WALHALLA, SOUTH CAROLINA, USA |

Solide gezimmertes Baumhaus für märchenhafte Zeit zu zweit

Wenn die Nacht hereinbricht, erhellen Lichterketten die kleinen Brücken zwischen den Plattformen des Baumhauses. Im Schlafbereich hängt ein filigraner Kronleuchter am massiven Deckenbalken. Sanft fällt sein Licht auf das antike, mattgrün gestrichene Bett. Die raumhohen Fenster lassen schon im Morgengrauen die ersten Sonnenstrahlen herein. Jedes Detail des Bolt Farm Treehouse ist mit Liebe und für die Liebe geschaffen. Das Dinner wird von der Bolt Farm aus saisonalen Biozutaten zubereitet und auf Wunsch direkt in die Suite geliefert •

Das Dinner wird von der Bolt Farm aus saisonalen Biozutaten zubereitet und auf Wunsch direkt in die Suite geliefert.

CROSLEY

Gut zu wissen ...
Völlig abgeschieden liegt der Hof in einem 16 Hektar großen Wald, durch den vier Kilometer Wanderwege verlaufen. Das VIP-Paket enthält knusprige Lagefeuersnacks und eine Flasche Wein.

Echte Eisenbahnromantik

| STARGAZERS WAGON · SHOBDON, HEREFORDSHIRE, GROSSBRITANNIEN |

„Glamping" – glamouröses Camping – mit Whirlpool und Ledersofa

Das weiß gehaltene Interieur lässt diesen Eisenbahnwaggon besonders großzügig erscheinen. Schaut man aus dem Fenster, kann man den Blick weit über die grüne Landschaft schweifen lassen. Besonders romantisch ist ein Bad im holzbefeuerten Whirlpool unter dem Sternenhimmel. Edle Textilien und liebevolle Holzdetails zitieren nordische und schottische Stilelemente. Das Ledersofa beim Holzofen lädt zum Ausruhen ein. In der Umgebung gibt es alte Festungen und Ruinen zu besichtigen, hübsche Dorfkneipen zum Plaudern und einen ruhigen Fluss zum Schwimmen •

Gut zu wissen…

Da der Stargazers Wagon keinen Stromanschluss hat, setzt man auf reine Solarenergie. Gern kochen die Gastgeber auf Wunsch ein köstliches Willkommensgericht.

Paradies für Verliebte

| LYNNE KNOWLTON TREEHOUSE · DURHAM, ONTARIO, KANADA |

Dieses exquisite Baumhaus bietet eine einladende Poollounge

Auf weiß lackierten Stelzen steht das liebevoll gestaltete Lynne Knowlton Treehouse zwischen hohen Bäumen. Im Innern duften hübsch arrangierte Blumen und hängende Korbsessel laden zum Relaxen ein. Das Schlafzimmer blickt vom kleinen Zwischengeschoss auf die praktische Kücheninsel. Weiße Vorhänge fließen leicht vor den Fenstern. Darüber erinnern die hölzernen Dachbalken an die starken Äste des Waldes. Der lange Tisch und die Poollounge eignen sich perfekt für Dinnerparties in der duftenden Waldluft •

Gut zu wissen…
Neben dem Baumhaus steht ein weiteres stilvoll Häuschen zur Verfügung sodass hier bequem auch zwei befreundete Paare Platz finden. Zahlreiche Wanderwege ziehen sic durch das 40 Hektar große Gelände. Abends kann man bei gegrillten Köstlichkeiten und einem Glas Wein am Poo entspannen.

Holzhütte am Bach

| RIVERSIDE CABIN · CONSTANTINE, CORNWALL, GROSSBRITANNIEN |

Kleines Traumhaus in den stillen Wäldern von Cornwall

Jede Holzplanke und jeder Holzbalken dieses Hauses stammt aus den umliegenden Wäldern. In die wohltuende Stille dringt nur das Plätschern des nahen Bachs und das Rauschen der Baumwipfel. Bei schönem Wetter scheint morgens die Sonne warm auf das Doppelbett im Obergeschoss. Die liebevoll zusammengestellte Einrichtung der Riverside Cabin reicht vom antiken Holzofen bis zur handgefertigten Holzleiter für die Etagenbetten. Die Hütte verfügt außerdem über eine Komposttoilette, eine Außendusche, einen Gasherd und WLAN •

Die liebevoll zusammengestellte Einrichtung der Riverside Cabin reicht vom antiken Holzofen bis zur handgefertigten Holzleiter für die Etagenbetten.

Gut zu wissen...
Im Waldgarten kann man grillen und das Essen mit Blick auf den Bach genießen. Alternativ findet man verschiedene Restaurants und Bars im nur 15 Fahrminuten entfernten Falmouth.

In Stein gemeißelt

| TRULLO EDERA · OSTUNI, BRINDISI, ITALIEN |

Traditionelle Trullo-Häuser in typisch italienischer Bilderbuchumgebung

Märchenhaft ragen konische Dächer aus den grünen Wiesen der italienischen Provinz Brindisi: Die charakteristischen Trullo-Häuser wurden hier schon im 19. Jahrhundert gebaut. Sorgfältig geschichtet, kommen sie komplett ohne Mörtel aus. Inmitten von duftenden Olivenhainen gelegen, versprechen die heute als Ferienunterkünfte genutzten Trulli eine spannende Reise in die italienische Vergangenheit. Im Schatten der Olivenbäume lässt sich mit einem guten Buch auch die Mittagshitze aushalten. Alternativ locken der Strand und das nahe gelegene Dorf Cisternino •

Die heute als Ferienunterkünfte genutzten Trulli versprechen eine spannende Reise in die italienische Vergangenheit.

Gut zu wissen...

Auf Wunsch steht ein Frühstückskorb bereit. In der voll ausgestatteten Küche sind eigene Mahlzeiten schnell zubereitet. Von den zentral in Apulien gelegenen Trulli ist es nur eine kurze Fahrt nach Lecce und Martina Franca.

Abendmahl mit Übernachtung

| ALL SAINTS · ALDWINCLE, NORTHAMPTONSHIRE, GROSSBRITANNIEN |

Die nächste Pyjamaparty darf gern in dieser Kirche aus dem 14. Jahrhundert stattfinden

So altehrwürdig die All Saints Church von außen auch wirkt, so kinderlieb gibt sie sich im Herzen. Zwischen gotischen Details, Buntglasfenstern, schweren Säulen und Rippengewölben verwandeln farbenfrohe Möbel, Wimpel und ein gepunktetes Spielzelt die Kirche in ein echtes Familienparadies. Beim „Champing" – Church Camping – verbringt man hier unvergessliche Abende mit Malen, Spielen oder Vorlesen. Jeden Morgen kommt Farmer Tim mit einem reichhaltigen warmen Frühstück an die Kirchentür. Lohnend ist ein Besuch im unvollendeten elisabethanischen Haus von Sir Thomas Tresham, das eine tragische Geschichte birgt •

Gut zu wissen...

Der River Nene eignet sich gut zum Kanufahren. In der Nähe gibt es zudem viele Pubs und Restaurants. Das nahe gelegene Boughton House aus dem 18. Jahrhundert zählt zu den am besten erhaltenen Herrenhäusern Großbritanniens.

Luftiger Wohnkomfort

| TREETOPS TREEHOUSE · CHUMLEIGH, DEVON, GROSSBRITANNIEN |

Dieses luxuriöse Baumhaus bietet alles von Badewanne bis TV

Wäre da nicht der Blick in die Baumwipfel, könnte man meinen, man befinde sich in einem ganz normalen Haus. Denn das Treetops Treehouse ist komplett ausgestattet: Im Hauptschlafzimmer steht eine kupferne Badewanne und zum gemütlichen Wohnzimmer gehören ein Fernseher und ein moderner Holzofen. Doch dieses großzügige Baumhaus ist um eine große, 250 Jahre alte Eiche und in luftige Höhe gebaut. Von der Terrasse des edlen Baumhauses aus blicken die Gäste über das Biosphärenreservat North Devon und den Fluss Taw •

Gut zu wissen...
Die Unterkunft befindet sich auf dem Gelände des Fox & Hounds Country Hotel. Das dazugehörige Spa und die Hotelbar stehen allen Gästen zur Verfügung. Kinder lieben das Etagenbett mit seiner Leiter aus starken Ästen.

Wasserschlösschen

| CHÂTEAU JUMILHAC · NOJALS-ET-CLOTTE, AQUITAINE, FRANKREICH |

Dieses ganz aus Holz gezimmerte Schloss erwartet seine Gäste auf einem kleinen See

Der Architekt dieses Wasserschlosses scheint eine besondere Affinität zu Märchen zu haben. Die konischen Dachtürme spiegeln sich malerisch im kleinen See, auf dem das hölzerne Schlösschen schwimmt. Ein kleiner Pfad verläuft zwischen Wiesen und Bäumen hindurch bis zum privaten Steg, der zur Eingangspforte führt. Der Alltag ist in dieser märchenhaften Umgebung schnell weggehext. Standesgemäß bietet das Schloss eine ebenerdige Dusche, WLAN, einen LCD-Flachbildfernseher, Zentralheizung und Klimaanlage •

Gut zu wissen...

Entspannung versprechen der Whirlpool, die Sauna und die Hängestühle auf der Terrasse. Viele Extras sind buchbar, etwa ein spezielles Romantikpaket, verschiedene Menüs und Entspannungsmassagen.

Im Lavendelmeer

| SUITE BLEUE · ARLENA DI CASTRO, VITERBO, ITALIEN |

Diese romantische Baumhaussuite ist Teil eines ganzen Baumhaushotels

Violette Wellen scheinen über die sanften Hügel zu rollen. Inmitten dieser Landschaft steht eine jahrhundertealte Eiche, in deren Krone eine geschwungene Treppe führt. Hier, hoch über duftenden Lavendelfeldern und knorrigen Olivenbäumen, schwebt die Suite Bleue des Baumhaushotels La Piantata. Auf der sonnigen Terrasse des edlen Holzhauses lässt es sich bei Bienensummen und Grillenzirpen herrlich entspannen. Auf Wunsch wird das Frühstück – per speziellem Flaschenzugsystem – direkt ans Bett geliefert. Verliebte freuen sich über kalten Champagner und Sekt im Kühlschrank •

Gut zu wissen...
La Piantata produziert und verkauft natives Olivenöl extra sowie Lavendelkosmetik und Lavendelhonig mit Biosiegel.

Wunderkugel

| FREE SPIRIT SPHERES · QUALICUM BAY, BRITISH COLUMBIA, KANADA |

Wie riesige Nester hängen diese magischen Kugeln zwischen den Baumwipfeln

Neugierig schauen diese Kugeln zwischen den Bäumen hervor. Ihren wahren Zweck offenbaren sie erst auf den zweiten Blick. Eine filigrane Wendeltreppe führt zu einer geschwungenen Tür, dahinter verbirgt sich ein gemütliches Doppelschlafzimmer mit Blick in die grünen Wipfel. In die andere Seite der Kugel ist eine kleine Sitzecke eingelassen. Der goldene Sonnenschein, der tagsüber durch das Oberlicht fällt, wird nachts von magischem Sternenfunkeln abgelöst. Dazu mischen sich die geheimnisvollen Geräusche des nächtlichen Waldes •

Gut zu wissen...

Neben zahlreichen Wanderwegen befindet sich auch das faszinierende Höhlensystem der Horne Lake Caverns in unmittelbarer Nähe. Die nahen Seen laden zum Schwimmen und Kajakfahren ein. In den kalten Monaten strahlen die lokalen Skipisten in reinstem Winterweiß.

Ein Bett über den Wolken

| NULL STERN HOTEL · GONTEN, APPENZELLERLAND, SCHWEIZ |

Einzigartiges Open-Air-Hotel in den Schweizer Alpen mit privatem Butler

Das Null Stern Hotel hat weder Wände noch Türen noch ein Dach. Auf 2000 Metern steht das Bett völlig frei in den Bündner Alpen, lediglich flankiert von zwei Nachttischen mit Lampen. Der 360-Grad-Panoramablick auf den Himmel, die Sterne und die umliegenden Berggipfel ist unbeschreiblich. Doch auf Komfort muss trotzdem nicht verzichtet werden: Morgens bringt der persönliche Butler das Frühstück ans Bett. Das Bett kann von Frühling bis Herbst reserviert und bei schlechtem Wetter auch in letzter Minute storniert werden •

Gut zu wissen…

Ein öffentliches Bad liegt nur einen kurzen Spaziergang entfernt.
Das Trio hinter dem außergewöhnlichen Konzept hat bereits einen Atombunker in ein Hotel verwandelt.

Das Dach zur Welt

| SHAKTI 360° LETI · GURGAON, HIMALAYA, INDIEN |

Dieses Haus bezaubert mit seiner sensationellen Aussicht auf den Himalaya

Die deckenhohen Fenster des Shakti 360° Leti bieten einen unvergleichlichen Panoramablick auf die schneebedeckten Gipfel des Himalaya. Gleichzeitig haben Gäste hier die einmalige Gelegenheit, das lokale Dorfleben hautnah mitzuerleben. Naturfreunde buchen ein Picknick oder einen geführten Ausflug in die umliegenden Wälder und Hügel. Wer mehr über Land und Leute erfahren möchte, erkundet die Bergdörfer, in denen der Alltag seit Jahrhunderten nahezu unverändert geblieben ist. Ein Besuch der buddhistischen Tempel oder Yoga- und Meditationskurse erweitert den spirituellen Horizont •

Gut zu wissen…
Neben dem Shakti stehen auch Unterkünfte in renovierten, teilweise über 300 Jahre alten Dorfhäusern zur Verfügung. Wer nicht unbedingt auf Internet, Telefon, Strom und Klimaanlage besteht, erlebt hier einen herrlichen Offline-Aufenthalt.

Wer im Glashaus sitzt...

| 72-HOUR CABIN · DALSLAND, SCHWEDEN |

Von Wissenschaftlern für eine Studie entworfene transparente Schlafkabine

Man nehme ein verglastes Schlafzimmer, schwedische Natur und einen Sonnenaufgang: So in etwa sah der Versuchsaufbau für eine Studie zur Förderung der inneren Ruhe aus. Das Ergebnis der Untersuchung von 2017 war überwältigend: Nach dem 72-stündigen Aufenthalt am See Iväg war die Stressbelastung der Teilnehmenden um durchschnittlich 70 Prozent gesunken. Kurzerhand wurde die Schlafkabine fest an Ort und Stelle installiert. Mittlerweile können Gäste hier also selbst ihr Entspannungslevel analysieren. Zum Freizeitangebot gehören neben Angeln, Wandern, Paddeln und Kajakfahren auch ein Überlebenstraining, geführte Ausritte und Bogenschießen •

Gut zu wissen...
Das Angebot beinhaltet dreimal Frühstück, zweimal Mittagessen und dreimal Abendessen. Gern werden die Mahlzeiten unter freiem Himmel serviert. Informationen und Ausrüstung zum Goldwaschen im Stenebyälven erhält man an der Rezeption.

Stein und Glas

| PIGEON BAY · CANTERBURY, SÜDINSEL, NEUSEELAND |

Dieses preisgekrönte und umweltfreundliche Haus liegt in einer abgeschiedenen Bucht

Scharf heben sich die steinernen und gläsernen Kanten des Pigeon Bay von seiner sanften Umgebung ab. Das elegante Haus wirkt ungewöhnlich und bereichert gleichzeitig die grasbewachsenen Hügel um eine neue Form. Die frische Luft ist erfüllt vom ewigen Meeresrauschen der Bucht. Nach Sonnenuntergang schimmern poliertes Holz und weißes Mobiliar edel im Schein des Kaminfeuers. Materialien wie Stein, Holz, Beton und Glas spiegeln die raue Umgebung stilistisch wider •

Gut zu wissen...
Das Haus liegt in der vulkanischen Wildnis der Südinsel und ist nur per Allradfahrzeug oder Helikopter erreichbar. Zu den luxuriösen Extras gehören ein privater Koch, ein Massageservice, mietbare Mountainbikes und ein privater Hubschrauberlandeplatz. In der Nähe liegt die aufregende Stadt Christchurch. Zum Mount-Cook-Nationalpark und dem Tasman-Gletscher sind es wenige Stunden mit dem Auto Richtung Westen.

Hoch im Norden Schwedens

| TREEHOTEL · HARADS, LAPPLAND, SCHWEDEN |

Die verspielten Baumhäuser des Treehotel sprengen architektonische Grenzen – und machen Lappland noch ein bisschen magischer

„Welches Haus würdest du in deinen kühnsten Träumen entwerfen?“, hat Kent drei seiner Architektenfreunde gefragt – und damit den Grundstein zum Treehotel gelegt.

Lappland ist ein ganz einzigartiger Ort. Im Winter verwandelt der Schnee die Bäume in weiße Gespenster. Im Sommer dagegen will die Sonne auch nachts nicht untergehen und taucht die Wildnis in magisches Licht. Hier liegt das Treehotel. Sein schlichter Name wird dem außergewöhnlichen Konzept bei Weitem nicht gerecht, aber er beschreibt exakt, was Gäste hier erwartet: ein Hotel in den Baumkronen. Dabei steht das Treehotel für die wohl untypischsten Baumhäuser, die man sich vorstellen kann – und für eine Geschichte, die genauso faszinierend ist wie seine futuristische Architektur.

Die gebürtigen Lappländer Britta und Kent Lindvall arbeiten schon seit Langem in der Hotellerieszene. Sie führten ein kleines Bed & Breakfast und organisierten lokale Angeltouren, doch das Paar wollte höher hinaus. Heute ist ihr Traum im wahrsten Sinne des Wortes Wirklichkeit geworden. Besucher aus der ganzen Welt wollen in ihrem schwebenden Ufo übernachten, im riesigen

Wer ungewöhnliches Design liebt, sein persönliches Wintermärchen sucht oder die surrealen Häuser mit eigenen Augen sehen will, ist hier gut aufgehoben.

Vogelnest aufwachen oder ein paar Tage im Baumhaus mit der Form einer Riesenlibelle verbringen. Und nicht nur das Design begeistert die Gäste: Jedes einzelne Baumhaus bietet eine luxuriöse Ausstattung, modernen Komfort und im Winter eine faszinierende Aussicht auf schillernde Nordlichter.

„Welches Haus würdest du in deinen kühnsten Träumen entwerfen?", hat Kent drei seiner Architektenfreunde gefragt – und damit den Grundstein zum Treehotel gelegt. Obwohl sie für konkurrierende Firmen arbeiteten, entwickelten die Architekten gemeinsam das spektakuläre Bird's Nest, das UFO, das Mirrorcube und das Blue Cone. Bis heute werden regelmäßig neue Baumhäuser entworfen, die ihren Schwesterhäusern in nichts nachstehen.

Morgens wird das Frühstück im kuscheligen Britta's Pensionat serviert. Das Abendessen kommt aus einem preisgekrönten Restaurant. Wer außergewöhnliches Design liebt, sein persönliches Wintermärchen sucht oder einfach diese surrealen Häuser mit eigenen Augen sehen will, ist hier in den Baumwipfeln Lapplands fabelhaft aufgehoben •

Gut zu wissen ...

Das Treehotel organisiert ausgefallene Aktivitäten wie Nordlichttouren mit dem Schneemobil, Eisfischen, Bären beobachten oder Bogenschießen. Genau wie die Zimmer ist auch die Speisekarte des Hotelrestaurants von der schwedischen Natur inspiriert und es werden lokale Köstlichkeiten mit Wild oder handverlesenen Beeren serviert. Das einzigartige Drei-Gänge-Menü genießt man im beheizten Tipizelt auf einem zugefrorenen See. Hobbyfotografen können hier einen Tag mit einem professionellen Abenteuerfotografen verbringen, der die schönsten und geheimnisvollsten Orte der Umgebung kennt.

Minimal Mexiko

| LA CASA PEQUEÑA · PUERTO ESCONDIDO, OAXACA, MEXIKO |

Mitten im Nirgendwo steht dieses kleine Designerhaus neben einem eigenen Pool

Kaum sind die hölzernen Fensterläden aufgeklappt, strömt helles Sonnenlicht in die Casa Pequeña. Kunstvoll verwebt die umliegende Natur ihre unzähligen Grüntöne zu einem satten Panorama. Der kühle Beton des kleinen Hauses schützt vor der mexikanischen Hitze. Neben dem Essbereich unter freiem Himmel liegt der Pool, dessen frisches Blau sich harmonisch in seine grüne Umgebung einfügt. Gäste genießen Zugang zur nahen Casa Wabi, die vom japanischen Autodidakten Tadao Ando entworfen wurde •

Kaum sind die hölzernen Fensterläden aufgeklappt, strömt helles Sonnenlicht in die Casa Pequeña. Der kühle Beton schützt vor der mexikanischen Hitze.

Gut zu wissen...
Im Steinofen lässt sich hervorragend Pizza backen. Die Hängematte lädt zum Schläfchen in der Sonne ein. Auch das Gewissen macht hier Urlaub: Diese kleine Oase vereint minimalistisches Design mit Umweltverträglichkeit.

Wasser zu Wein

| CABANES DES GRANDS CÉPAGES · LAC DE LA LIONNE, SORGUES, FRANKREICH |

In der Nähe der besten Weinberge der Region schwimmt dieses stilvolle Haus auf einem See

Fast scheint die elegante Cabane auf dem Lac de la Lionne – dem See der Löwin – zu schweben. Vertikale Lamellen bieten Sichtschutz und erinnern an stilisiertes Schilf. Das Design ist so schnörkellos wie umweltfreundlich. Durch die großen Schiebetüren weht frische Seeluft in den schlichten Raum, und Sonnenstrahlen wärmen die Holzterrasse. In der Nähe liegt mit den traubenschweren Hängen von Châteauneuf-du-Pape die berühmteste Weinregion des Rhônetals. Wer also ab und an eine kleine Pause von der Einsamkeit braucht, kann diese bequem mit einem edlen Tropfen versüßen •

Gut zu wissen...

Die Cabane bietet keine Küche. Wer mag, lässt sich Gerichte und Aperitifs direkt von den besten Restaurants der Umgebung liefern. Hier wird größtenteils mit lokalen Zutaten gekocht. Neben Verkostungen von edlem Châteauneuf-du-Pape bieten sich Radausflüge, Wandertouren und Yogakurse in der Umgebung an.

Capri, Sonne, Turm

| TORRE AMALFI · TERMINI, AMALFIKÜSTE, ITALIEN |

Dieser sarazenische Turm blickt auf das Meer und die Insel Capri

Auf den ersten Blick wirkt der Torre Amalfi nur wie ein weiterer unbewohnter Turm, der seit Jahrhunderten über dem Mittelmeer thront. Doch hinter seiner hölzernen Eingangstür erstrahlen ein gekonnt renoviertes Interieur und ausgesuchtes Mobiliar in leuchtendem Weiß. Dazwischen setzen Topfpflanzen grüne Akzente. Vom Schlafzimmer führen große Türen auf die sonnenüberflutete Terrasse. Auf den komfortablen Sonnenliegen lässt sich hier der weite Blick auf das Mittelmeer genießen. Mittags duftet es verheißungsvoll aus der Küche, bis im Garten unter schattenspendenden Bäumen geluncht wird •

Vom Schlafzimmer führen große Türen auf die sonnenüberflutete Terrasse. Von hier lässt sich der weite Blick auf das Mittelmeer genießen.

Gut zu wissen...
Gäste verpflegen sich im Turm selbst. Gern kann man im hauseigenen Biogarten nach Köstlichkeiten stöbern. Alternativ bereitet ein privater Koch lokaltypische Gerichte zu. In der nahen Stadt Nerano befinden sich ausgezeichnete Strandrestaurants und verschiedene Anbieter für Ausflüge im traditionellen Gozzo-Boot. Der Strand von Mitigliano liegt 15 Gehminuten entfernt.

Nordische Einsamkeit

| ÅKRAFJORDEN CABIN · ETNE, HORDALAND, NORWEGEN |

Das einzigartige Design dieser Jagdhütte fügt sich perfekt in seine Umgebung ein

Gelungen zeichnet die Åkrafjorden Cabin die gebirgige Topografie ihrer unberührten Umgebung nach. Je nach Perspektive erscheint das Häuschen bloß als moosbewachsener Hügel. Traditionell norwegisch knistert der Kamin in der Mitte des Hauses. Durch großzügige Fenster lässt sich die Schönheit der zerklüfteten Landschaft auch aus dem kuschligen Inneren genießen. Das Haus besteht aus lokalem Stein und Holz und ist mit Teer abgedichtet. Handgesägte Holzlatten verbinden die beiden geschwungenen Stahlträger •

Gut zu wissen...
Die einsam gelegene Hütte kann nur zu Fuß oder zu Pferd erreicht werden. Der breite Polsterbereich zum Sitzen oder Schlafen, die Kochecke und der Stauraum sind funktional und schlicht gehalten.

Wandern im Grünen

| GREEN MOUNTAINS CABIN · BOLTON, VERMONT, USA |

Ohne Verbindung zur Außenwelt liegt dieses Häuschen mitten in der Natur

Fast unsichtbar schmiegt sich dieses verwunschene Holzhaus zwischen die grünen Bäume des Waldes. In der unberührten Umgebung verlaufen zahlreiche Wanderwege, auf denen Natur zum Abenteuer wird. Das Häuschen bietet weder WLAN noch Handyempfang oder Stromversorgung. LED-Lampen und Laternen sorgen im Dunkeln für Orientierung. Nachts funkeln die Sterne wie kleine leuchtende Knöpfe am dunklen Himmelszelt •

In der unberührten Umgebung verlaufen zahlreiche Wanderwege, auf denen Natur zum Abenteuer wird.

Gut zu wissen...
Die Außendusche wird über Sonnenkollektoren beheizt. Ein Holzofen sorgt für kuschelige Wärme im Innern. Zum Freizeitangebot der Umgebung gehören Klettern, Schwimmen, Kajakfahren, Angeln, Golfen, Mountainbiken, Skifahren und Snowboarden.

Heiße Quellen

| POTTER HOUSE · DUNTON HOT SPRINGS, COLORADO, USA |

Eine klassische Berghütte mit Patina und Zugang zu einer mineralhaltigen Quelle

Das Potter House liegt in einem dichten Wald, dessen satte Farben im Takt der Jahreszeiten wechseln. Sanft spiegelt sich das grüne oder bunte Blätterdach in dem kleinen Teich. Das hübsche Holzhaus wirkt ebenso naturbelassen wie seine Umgebung. Die Patina der Fassade reicht von verblichenen Gelb- bis zu kräftigen Brauntönen. Eine leichte Brise, mal frisch, mal mild, weht durch Fenster und Türen. Die Sonne malt helle Flecken auf den dunklen Holzboden •

Gut zu wissen...
Das mineralhaltige Wasser der Dunton Hot Springs speist den Badebereich unter freiem Himmel sowie das restaurierte Badehaus aus dem 19. Jahrhundert. Das gemütliche Wohnzimmer besitzt einen eigenen Kamin und eine umlaufende Terrasse mit Blick auf die fernen Berggipfel.

Schlafen im Himmelsbett

| INTOWN TREEHOUSE · ATLANTA, GEORGIA, USA |

Dieses moderne Baumhaus liegt nur wenige Minuten von der Stadt entfernt

Nahe der Innenstadt von Atlanta erwartet das urbane Intown Treehouse seine Gäste auf einem abgeschiedenen Gelände. Durch die offenen Fenster wirft die Sonne goldene Sprenkel auf das rustikale Interieur. Beschirmt wird das Haus vom grünen Blätterdach des umliegenden Waldes. Die Zimmer sind über malerische Hängebrücken miteinander verbunden. Antike Details und viele Kerzen verbreiten kuscheliges Flair. Auf der Terrasse schaukelt eine Hängematte träge in der Nachmittagssonne und lädt zum Lesen ein •

Gut zu wissen...

Im Schlafzimmer befindet sich ein Bett mit Rollen, das sich auf die Terrasse mit Flussblick schieben lässt. Die Terrasse läuft rund um eine 165 Jahre alte Kiefer.

Zeitreise

| CAMP WANDAWEGA · ELKHORN, WISCONSIN, USA |

Seit den 1950er-Jahren hat sich dieses charmante Camp kaum verändert

Von der Holzdecke des Baumhauses wirft ein exzentrischer Kronleuchter wilde Muster auf den weich gepolsterten Sitzbereich. Wie die anderen Häuschen im Camp Wandawega hat sich auch das Tree House seit den 1950er-Jahren kaum verändert. Antiquarische Bücher, jahrzehntealte Tennisschläger und Puzzlespiele wirken wie altmodische Requisiten aus einem liebgewonnenen Schwarz-Weiß-Film. Statt moderner Einrichtung verspricht das Camp eine kleine Reise in die Vergangenheit. Hier vergehen die Tage beim Angeln, Schwimmen oder Wandern wie im Flug. Wer es sportlich mag, fordert andere Campbesucher zu einer Partie Bogenschießen, Beilwerfen oder Shuffleboard heraus •

Gut zu wissen...

Von den über 80 Jahre alten Bettgestellen bis hin zur nicht vorhandenen Klimaanlage oder Internetverbindung versetzt das Camp seine Gäste in die 1950er-Jahre. Rehe, Kojoten, Murmeltiere und Füchse sind hier regelmäßige Besucher. Lebensmittel gibt es auf Märkten und in Geschäften in der Nähe. Alternativ empfiehlt sich eines der lokalen Restaurants.

Unter Schafen

| BROCKLOCH BOTHY · KIRKPATRICK DURHAM, SCHOTTLAND, GROSSBRITANNIEN |

Rund um dieses modulare und nachhaltige
Ökohaus grasen freundliche Schafe

Wie kleine Schönwetterwolken ziehen Schafe über die Wiesen rund um die Brockloch Bothy. Dahinter erstreckt sich ein kleiner Wald. Auch Eichhörnchen, Hirsche und Dachse gehören zu den tierischen Nachbarn des Holzhauses. Seine vier kleinen Spitzdächer sind so auffällig wie umweltfreundlich: Die Hütte besteht aus nachhaltig gewonnenen Materialien und wird mit Solarenergie betrieben. Horizontale und vertikale Holzlamellen zaubern ein frisches Patchworkmuster auf die Fassade. Die bodentiefen Fenster lassen einen weit über die grüne Umgebung und in den strahlend blauen Himmel blicken •

Gut zu wissen...

Die autarke Brockloch Bothy besteht aus vier Hausbereichen mit jeweils einem eigenen Pyramidendach und einem Oberlicht. Im Winter halten doppelt verglaste Fenster und ein Holzofen das Häuschen schön warm.

California Dreamin'

| MALIBU DREAM AIRSTREAM · MALIBU, KALIFORNIEN, USA |

Von der kalifornischen Küste blickt dieses silberne Wohnmobil weit über das Meer

Wenn abends die Sonne hinter dem glitzernden Pazifik untergeht, spiegeln sich tausend Farben auf dem silbernen Malibu Dream Airstream. Vollkommen abgeschieden steht der Camperklassiker in der unberührten kalifornischen Wildnis. Durch die umliegenden Hügel schlängeln sich malerische Wanderwege. Im Preis inbegriffen sind gelegentliches Kojotenheulen und Robbenbellen. Der Blick auf den Pazifik dagegen ist unbezahlbar •

Gut zu wissen...

Die Zufahrt erfolgt über eine holprige Schotterpiste. Gutes Fahrwerk ist daher erforderlich. Tagsüber locken der Sandstone Park und einige der beliebtesten Strände von Malibu, die beste Surfbedingungen bieten. Nachts leuchtet die Milchstraße über dem Airstream. Bei schlechtem Wetter werden Reservierungen in der Regel wegen unpassierbarer Straßen storniert.

Index

72 Hour Cabin
Schweden
72hcabin.com
Fotos: Jonas Ingman/
westsweden.com
S. 202–205

A

AirShip 002
Großbritannien
airbnb.com
Fotos: Nigel Rigden
Architekten: Roderick James Architects
S. 98–99

Åkrafjorden Cabin
Norwegen
snohetta.com
Fotos: James Silverman
S. 234–235

All Saints
Großbritannien
champing.co.uk
Fotos: The Churches
Conservation Trust
S. 186–187

Alpine Shelter
Slowenien
pd-ljmatica.si
Fotos: Janez Martinčič
S. 3, 80–81

B

Banqueting House
Großbritannien
landmarktrust.org.uk
Fotos: Tom Jackson (S. 118),
Nigel Shuttleworth (S. 119)
S. 118–119

Bergaliv Loft House
Schweden
bergaliv.se
Fotos: Hanna Michelson
Bauherr: AJ Hälsinge Renovering & Bygg
S. 2, 56–59

Boatel
Großbritannien
airbnb.com
Fotos: Airbnb
S. 120–123

Bolt Farm Treehouse
USA
boltfarmtreehouse.com
Fotos: Bolt Farm Treehouse
S. 168–173

Brockloch Bothy
Großbritannien
brockloch.co.uk
Fotos: A. McIntosh
S. 250–251

C

Caban Crwn
Großbritannien
caban.space
Fotos: Canopy & Stars
S. 110–111

Cabana
Kolumbien
airbnb.com
Fotos: Airbnb
S. 112–113

Cabanes des Grands Cépages
Frankreich
cabanesdesgrandschenes.com
Fotos: Marco Lavit Nicora
S. 228–231

Camp Luca Vuerich
Slowenien
Architekten: Giovanni Pesamosca
Fotos: Pesamosca Flavio Fotografo
S. 30–31

Camp Wandawega
USA
wandawega.com
Fotos: Bob Coscarelli
S. 248–249

Château Jumilhac
Frankreich
chateaux-dans-les-arbres.com
Fotos: Châteaux dans les arbres
S.190–191

Clavell Tower
Großbritannien
landmarktrust.org.uk
Fotos: John Miller (S. 155 oben),
W. Sweeney (S. 154–155)
S.154–155

Crook's View
Großbritannien
canopyandstars.co.uk
Fotos: Canopy & Stars
S. 20–23

D

Damselfly
Großbritannien
damselfly-glamping.com
Fotos: Canopy & Stars
S. 158–161

DD16
Russland
dubldom.club
Fotos: Ivan Ovchinnikov (S. 95),
Vlad Mitrichev (S. 94)
S.94–95

F

Free Spirit Spheres
Kanada
freespiritspheres.com
Fotos: Kerry Maguire
S. 196–197

G

Getaway
USA
getaway.house
Fotos: Ball and Albanese (S. 75, 76 unten),
Vanessa Faria (S. 77 oben), Pine and Palm
Journal (S. 76 oben), Kendall Waldman
(S. 74), Dan Powell (S. 77 unten)
S.74–77

Green Mountains Cabin
USA
airbnb.com
Fotos: Airbnb
S. 236–241

H

Havelprater
Deutschland
havelprater.com
Fotos: Airbnb
S. 106–107

Hideout Bali
Bali
hideoutbali.com
Fotos: Matthew Oldfield (S. 136 oben rechts),
Valentino Luis (S. 136 unten rechts),
@howfarfromhome (S. 136 oben links),
Sasha Juliard (S. 137 unten), Cuma Cevik
(S. 134), Red Eye (S. 135), Jordan Hammond
(S. 140 links), Maya Gypsy (S. 140 unten
rechts, S. 141)
S. 134–141

Holly Hut
Großbritannien
hesleysidehuts.co.uk
Fotos: Neil Denham
S. 44–45

Honeywell Hut
Neuseeland
canopycamping.co.nz
Fotos: Dan Kerins/
Canopy Camping Escapes
S. 38–43

I

Intown Treehouse
USA
airbnb.com
Fotos: Airbnb
S. 244–247

J

Jake's Place
Großbritannien
canopyandstars.co.uk
Fotos: Canopy & Stars
S. 14–17

K

Kudhva
Großbritannien
kudhva.com
Fotos: Karl Mackie (S. 90, 92, 93
unten) George Fielding (S. 91)
Designer: Ben Huggins
S. 90–93

Kushti
Großbritannien
forestgarden.info
Fotos: Canopy & Stars
S. 104–105

L

La Casa Pequeña
Mexiko
airbnb.com
Fotos: Camila Cossio
S. 222–227

Lost Meadow Treepod
Großbritannien
lostmeadow.yolasite.com
Fotos: Canopy & Stars
S. 102–103

Løe Storhaugen
Norwegen
myrkdalen.no
Fotos: OPA FORM/Espen Folgerø (S. 24),
OPA FORM/Marina Bauer (S. 25),
Rune Sævig (S. 25)
S. 24–25

Lynne Knowlton Treehouse
Kanada
lynneknowlton.com
Fotos: Lynne Knowlton
S. 176–177

M

Malibu Dream Airstream
USA
airbnb.com
Fotos: Airbnb
S. 252–253

Miguel
Australien
unyoked.co
Fotos: Sammy Hawker
S. 7–13

N

Null Stern Hotel
Schweiz
nullsternhotel.ch
Fotos: Atelier für Sonderaufgaben
S. 198–199

O

Origin Tree House
Frankreich
cabanesdesgrandschenes.com
Fotos: Marco Lavit Nicora
S. 78–79

P

Pigeon Bay
Neuseeland
boutique-homes.com
Fotos: Annandale
S. 4, 206–211

Playa Viva Treehouse
Mexiko
artistreehomes.com
Fotos: Kev Steele (S. 146, 149 oben),
The Cubic Studio (S. 148, 149 unten)
S. 146–149

Potter House
USA
duntonhotsprings.com
Fotos: Welcome Beyond
S. 242–243

R

Riverside Cabin
Großbritannien
airbnb.com
Fotos: Airbnb
S. 178–181

Robins Nest
Deutschland
robins-nest.de
Fotos: Faruk Pinjo
S. 32–37

Rowan Hut
Großbritannien
hesleysidehuts.co.uk
Fotos: Neil Denham
S. 28–29

S

Salix Cabin
Deutschland
rehof-rutenberg-ferienhaus-brandenburg.de
Fotos: Marieken Verheyen
S. 108–109

Sea View House
Spanien
welcomebeyond.com
Fotos: Welcome Beyond
S. 50–51

Shakti 360° Leti
Indien
shaktihimalaya.com
Fotos: Welcome Beyond
S. 200–201

Slate Cabin
Großbritannien
epicretreats.wales
Fotos: Jonathon Donnelly
Architekten: Trias
S. 26–27

Stargazers Wagon
Großbritannien
herefordshirehideaways.co.uk
Fotos: Canopy & Stars
S. 174–175

Starlight Room
Italien
rifugiocolgallina.com
Fotos: Giacomo Pompanin (S. 52–53),
Giuseppe Ghedina (S. 54–55)
S. 52–55

St. Winifred's Well
Großbritannien
landmarktrust.org.uk
Fotos: Jill Tate
S. 162–167

Suite Bleue
Italien
lapiantata.it
Fotos: Maurizio Brera
S. 192–195

T

Tainaron Blue
Griechenland
tainaron-blue.com
Fotos: Welcome Beyond (S. 114–115, S. 116),
Marc Sagot (S. 117)
S. 114–117

The Black House
Island
husrum.is
Fotos: Krista Keltanen
Produktion & Styling: Features & More /
Wilma Custers (S. 60–61, 65)
Fotos: Gunnar Sverrisson
Interior Design: Rut Káradóttir
(S. 62–63, 64, 66–67)
S. 60–67

The Ferry Waiting Room
Großbritannien
monachylemhor.net
Fotos: Canopy & Stars
S. 156–157

The Saltbox
Großbritannien
elmleynaturereserve.co.uk
Fotos: Neil Brown (S. 150–151)
Rebecca Douglas (S. 152–153)
S. 150–153

The Underwater Room
Tansania
themantaresort.com
Fotos: Filmemacher Deutschland
S. 142–145

The Woodsman's Treehouse
Großbritannien
mallinson.co.uk
Fotos: Magnus Edmondson
S. 46–49

Tiny Fern Forest Treehouse
USA
airbnb.com
Fotos: Airbnb
S. 82–83

Top of the Hills Acres
USA
airbnb.com
Fotos: Airbnb
S. 100–101

Torre Amalfi
Italien
welcomebeyond.com
Fotos: Welcome Beyond
S. 232–233

Treehotel
Schweden
treehotel.se
Fotos: Treehotel
S. 212–221

Treetops Treehouse
Großbritannien
foxandhoundshotel.co.uk
Fotos: Canopy & Stars
S. 188–189

Tropical Treehouse
Hawaii
airbnb.com
Fotos: Airbnb
S. 124–127

Trullo Edera
Italien
isetteconi.com
Fotos: Airbnb
S. 182–185

U

Underhill
Neuseeland
canopycamping.co.nz
Fotos: Dan Kerins/
Canopy Camping Escapes
S. 5, 84–89

V

Vipp Shelter
Schweden
vipp.com
Fotos: Anders Hviid (S. 68, 70–71),
Mark Seelen (S. 69, 72–73)
S. 68–73

W

Walk Wood Wagon
Großbritannien
sheffieldparklodge.co.uk
Fotos: Canopy & Stars
S. 18–19

Warwick Knight
Großbritannien
glampingorchard.co.uk
Fotos: Canopy & Stars
S. 96–97

Woodpecker Hut
Neuseeland
canopycamping.co.nz
Fotos: Dan Kerins/
Canopy Camping Escapes
S. 128–133

Imprint

Zauberhütten
Doppelzimmer mit Aussicht

Konzeption, Redaktion und Design von Gestalten.

Herausgegeben von Robert Klanten und Caroline Kurze

Vorwort und Portraits von Frances Thompson
Projektbeschreibungen von Feride Yalav-Heckeroth
Übersetzung aus dem Englischen von Marianne Julia Strauss

Projektmanagement von Sam Stevenson

Design und Layout von Capucine Labarthe
Creative Direction of Design von Ludwig Wendt
Layoutassistenz von Stefan Morgner und Mona Osterkamp
Cover von Jan Blessing

Schriften: Freight Big Pro von Joshua Darden und Avenir von Adrian Frutiger

Titelbild von Jonas Ingman

Druck von Nino Druck GmbH, Neustadt/Weinstr.
Hergestellt in Deutschland

Erschienen bei Gestalten, Berlin 2018
ISBN 978-3-89955-493-9

Die englische Ausgabe ist unter der
978-3-89955-655-1 erhältlich.

Weitere Informationen und Buchbestellungen unter www.gestalten.com.

Bibliografische Information der Deutschen Nationalbibliothek. Die Deutsche Nationalbibliothek verzeichnet diese Publikation in der Deutschen Nationalbibliografie; detaillierte bibliografische Daten sind im Internet über http://dnb.d-nb.de abrufbar.

Alle in dieser Publikation vorgestellten und porträtierten Unternehmen, Projekte und Individuen wurden auf Basis ästhetischer und inhaltlicher Kriterien ausgewählt und in keinem Fall aufgrund von Zahlungen oder kommerziellen Zuwendungen seitens der vertretenen Architekten, Designer und Künstler.
Dieses Buch wurde auf FSC®-zertifiziertem Papier gedruckt.

MIX
Papier aus verantwortungsvollen Quellen
FSC® C006655